# INHALT

W0057528

# MARCO  POLO

# BUDAPEST

*Fünf Symbole sollen Ihnen*
*die Orientierung in diesem Führer erleichtern:*

*für Marco Polo Tipps – die besten in jeder Kategorie*

*für alle Objekte, bei denen Sie auch eine schöne Aussicht haben*

*für Plätze, wo Sie bestimmt viele Einheimische treffen*

*für Treffpunkte für junge Leute*

**(102/A 1)**
*Seitenzahlen und Koordinaten für den Cityatlas Budapest*
**(U/A 1)** *Koordinaten für die Übersichtskarte im vorderen Umschlag*
**(O)** *außerhalb des Atlaskartenausschnitts*
*Zu Ihrer Orientierung sind auch die Objekte mit Koordinaten versehen,*
*die nicht im Cityatlas eingetragen sind.*

*Diesen Führer schrieb Matthias Rüb. Er ist Korrespondent*
*für Ungarn und Südosteuropa der »Frankfurter Allgemeinen*
*Zeitung« und lebt seit 1994 in Budapest.*

*Die Marco Polo Reihe wird herausgegeben von Ferdinand Ranft.*

MAIRS GEOGRAPHISCHER VERLAG

# MARCO ◉ POLO

## *Für Ihre nächste Reise gibt es folgende Titel dieser Reihe:*

*Die Marco Polo Redaktion freut sich, wenn Sie ihr schreiben: Marco Polo Redaktion, Mairs Geographischer Verlag, Postfach 31 51, D-73751 Ostfildern*

*Unsere Autoren haben nach bestem Wissen recherchiert. Trotzdem schleichen sich manchmal Fehler ein, für die der Verlag keine Haftung übernehmen kann.*

*Titelbild: Blick auf das Parlamentsgebäude (Bilderberg: Madej)*
*Fotos: T. Fehéri (36); R. Freyer (4, 26, 40, 43, 45, 49, 68); J. Gläser (6, 34, 52, 72);*
*L. Janicek; (9, 18, 21, 23); C. Lachenmaier (22, 31, 63);*
*Mauritius: Ley (101), Messerschmidt (14, 32), MIT (77, 78), Torino (60),*
*Vass (25), Vidler (57); Schapowalow: Nebe (12)*

*2. (8.), aktualisierte Auflage 2001; © Mairs Geographischer Verlag, Ostfildern*
*Chefredakteurin: Marion Zorn*
*Lektorat: Corinna Walkenhorst*
*Gestaltung: Thienhaus/Wippermann (Büro Hamburg)*
*Kartografie Cityatlas: © ADAC Verlag, München; Haupka Verlag, Bad Soden*
*Sprachführer: in Zusammenarbeit mit dem Ernst Klett Verlag für Wissen und Bildung GmbH,*
*Redaktion PONS Wörterbücher*

*Printed in Germany*
*Gedruckt auf 100% chlorfrei gebleichtem Papier*

# Entdecken Sie Budapest!

*Jeder fünfte Einwohner Ungarns lebt in der vielleicht schönsten Metropole an der Donau*

Es hat schon seine Richtigkeit mit diesem Bild: die Donau und das Parlament. Es ist das Lieblingsmotiv für den Stadtplan, den Buchdeckel, die Postkarte, das Erinnerungsfoto. Der majestätische Fluss und das mächtige Gebäude an dessen Ufer sind Chiffren für die Pracht der wahrscheinlich schönsten aller Großstädte an der Donau. Das Parlament, 268 Meter lang und fast 100 Meter hoch, steht mit seinen Bogen und Säulen, Toren und Fialen, Kuppeln und Giebeln für das beispiellose Baufieber des späten 19. und des frühen 20. Jhs., dem Budapest seinen einzigartigen städtebaulichen Charakter verdankt. Die Donau, bis zu 800 Meter breit, fließt mitten durch die Stadt und teilt sie in die beiden ungleichen Stadthälften, das hügelige Buda und das flache Pest, dessen Außenbezirke sich schon zur Großen Tiefebene im Osten öffnen. Die Donau verleiht Budapest die weltläufige Atmosphäre einer Hafenstadt:

*Die älteste der Bücken zwischen Buda und Pest: die Kettenbrücke*

Elegante Kreuzfahrtschiffe machen an der internationalen Anlegestelle fest, Frachter aus Rotterdam, Belgrad oder Constanta am Schwarzen Meer tuckern den Fluss hinab oder hinauf, Möwengekreisch erfüllt die Luft.

Das Panorama von Budapest ist erhaben, und es verbraucht sich nicht, auch wenn man zum hundertsten Mal von der Fischerbastei oder der Zitadelle auf die Szenerie hinabschaut. Auch Wien und Belgrad, die Hauptstädte der Nachbarländer Österreich und Jugoslawien, liegen an der Donau. Doch sie werden von der Donau auf ihrem Weg ins Schwarze Meer gewissermaßen links – in Wahrheit nämlich rechts – liegen gelassen. In Budapest aber macht Europas längster Fluss buchstäblich Station, bildet die grüne Margareteninsel, auf der bis heute keine Autos fahren dürfen, und weiter flussabwärts die Insel Csepel, auf der die Brüder Manfred und Berthold Weiss vor gut hundert Jahren mit einem Stahlwerk den Grundstein legten für Ungarns größten Industriekomplex. Und was wären Buda und Pest, was

5

*Die Margareteninsel, von der Fischerbastei aus gesehen*

wäre Budapest ohne die Brücken, die den Strom überspannen? Die vier ältesten und schönsten, die Ketten-, die Margareten-, die Elisabeth- und die Franz-Joseph-Brücke (heute Freiheitsbrücke), wurden zwischen 1849 und 1903 errichtet. Nach den Zerstörungen im Zweiten Weltkrieg wurden sie später in ihrer ursprünglichen Gestalt wieder aufgebaut. Nur die Elisabethbrücke ist ein kompletter Neubau, freilich ein geglückter. Denn in ihrer heutigen Gestalt ist die Hängebrücke mit ihren schlanken weißen Pfeilern eine wesentlich elegantere Erscheinung als ihre Vorgängerin an gleicher Stelle.

In Budapest leben heute etwa zwei Millionen Menschen. Damit ist fast jeder fünfte Einwohner Ungarns ein Hauptstädter. Weil Budapest unbestritten das politische, wirtschaftliche und kulturelle Zentrum ist, murren die Mittelstädte und die Dörfer von Zeit zu Zeit vernehmlich, dass der Moloch Hauptstadt so unersättlich Steuergelder und öffentliche Investitionen ver-

schlingt. Die Budapester erwidern, dass die Stadt mit ihrer Wirtschaftsleistung dem Staat mehr Geld zuführe als sie konsumiere. Tatsächlich entfallen auf den Großraum Budapest 28 Prozent aller Arbeitsplätze des Landes. 35 Prozent des ungarischen Bruttoinlandsproduktes werden in der Hauptstadt erwirtschaftet. Auch von den gut 20 Millionen Touristen, die Jahr für Jahr nach Ungarn kommen, besucht mehr als die Hälfte Budapest.

Die Geschichte von Budapest als einer Metropole von Weltformat ist jung. Im Jahr 1867, zu Beginn der k. u. k. österreichisch-ungarischen Doppelmonarchie, hatte Budapest kaum 300 000 Einwohner, die Mehrzahl von ihnen auf der Pester Seite. Erst 1873 wurden die Ortschaften Buda, Óbuda und Pest zur gemeinsamen Stadt Budapest zusammengeschlossen. Doch im Vergleich zur Schwesterstadt Wien war Budapest seinerzeit allenfalls ein besseres Dorf. Bis zur Jahrhundertwende verdreifachte sich aber die Zahl der Einwohner.

Und die Zahl der Häuser stieg binnen dreier Jahrzehnte auf das Doppelte. Was der Stadt heute ihren Glanz gibt und zu Recht bewundert wird, wurde zum größten Teil in jenen fieberhaften Gründerjahren gebaut oder geplant. Am Ende des Zweiten Weltkrieges war Budapest neben Berlin und Warschau die am stärksten von Kriegsfolgen gezeichnete Hauptstadt in Europa. Nur in diesen Städten war es zu Straßenkämpfen zwischen der Wehrmacht und der Roten Armee gekommen. Fast drei Viertel aller Häuser waren beschädigt, ein Drittel war ganz zerstört. Alle Donaubrücken lagen, von der nach Westen fliehenden Wehrmacht gesprengt, im Wasser. Der Wiederaufbau kam nur schleppend in Gang: Aus ideologischen und wirtschaftlichen Gründen wurde während der Zeit des Stalinismus bis 1953 kaum restauriert. Dafür waren die Zerstörungen bei der Niederschlagung der Revolution von 1956 durch sowjetische Panzer umso größer. Noch heute sind an alters- und abgasgrauen Fassaden vor allem in der Pester Innenstadt Einschusslöcher zu sehen, und man kann sich fragen, ob sie aus dem Zweiten Weltkrieg oder von den Kämpfen während der Revolution 1956 stammen. Erst 1963 wurde die letzte Straßenverbindung über die Donau, die Elisabethbrücke, wieder dem Verkehr übergeben.

Jahrzehntelang lebte Budapest von seiner Substanz aus den Zeiten der Wende zum 20. Jh. Die Wohnquartiere in den Pester Innenstadtbezirken wurden verwohnt und abgenutzt. Dem chronischen Wohnungsmangel versuchte die sozialistische Planwirtschaft beizukommen, indem die geräumigen Großbürgerwohnungen in den Häusern der Pester Innenstadt in immer winzigere Wohnungen mit einem oder zwei Zimmern zerschnitten wurden. Zugleich entstanden in den Randbezirken die ersten Wohnsilos im Plattenbau. Obwohl die Mietskasernen der Innenstadt arg ramponiert sind und die meisten Fassaden abblättern, zeugen sie noch immer von dem Geist, der ihre Planer und Erbauer vor mehr als hundert Jahren beseelte: Es galt, eine fortschrittliche, moderne Stadt zu bauen und sie mit allen architektonischen und ornamentalen Schönheiten auszustatten, die von der Epoche bereitgehalten wurden. Deshalb gibt es in Budapest keinen Stil, der das Stadtbild bestimmen würde. Vielmehr ist das Prinzip des Eklektizismus, aus dem Supermarkt der Architekturgeschichte alle Sonderangebote mitzunehmen, selbst stilbildend geworden.

Kein anderes Gebäude verkörpert diesen Willen augenfälliger als das üppige Parlament. 1883 wurden die ersten Pläne für das neue *országház,* das »Haus des Landes«, vorgelegt. Nicht Kosten noch Kräfte sollten gespart werden, um die Selbstbestimmung des ungarischen Volkes zu symbolisieren. 1884 begann der Bau nach Plänen des Architekten Imre Steindl. Um dem gewaltigen Gewicht des zu errichtenden Gebäudes ein angemessenes Fundament zu geben, wurde zum Ufer der Donau hin eine riesige, zwei Meter dicke Betonplatte in die Erde gelassen. In großer Eile ging es ans Werk, sollte doch bis zur großen Millenniumsfeier 1896 das Haus feierlich seiner Bestimmung übergeben werden. Mit dieser Feier sollte der Landnahme der Magyaren im Jahr 896 gedacht werden. Vermutlich waren die nomadischen Vorfahren der Ungarn von feindlichen Reiterstämmen aus ihrer Urheimat in den Steppen am westlichen Oberlauf des Ural, dem heutigen Baschkirien, vertrieben worden. Unter den Völkern Europas, verglichen etwa mit den Germanen und den Slawen, sind die Magyaren Spätankömmlinge. Bis heute werden die Ungarn fast mit jedem Wort, das sie in ihrem eigentümlichen Idiom sprechen, daran erinnert, dass sie zu keiner der großen europäischen Völker- und Sprachfamilien gehören. Denn die ungarische Sprache, die zugleich die einzige wissenschaftlich zuverlässige Quelle für Mutmaßungen über die Herkunft der Ungarn ist, steht in Mitteleuropa vereinzelt da. Die finnougrische Sprachgemeinschaft mit jenem Stamm, aus dem später die Finnen hervorgehen sollten, zerfiel schon viele Jahrhunderte vor Christus.

Die Fremdherrschaft gehört zu den historischen Grunderfahrungen des relativ kleinen Volkes der Ungarn. Man schätzt, dass etwa eine halbe Million Magyaren, unter ihnen 20 000 Reiterkrieger, zu den »Landnehmern« von 896 gehörten. Noch ungefähr ein halbes Jahrhundert lang zogen die Reiterscharen der Ungarn plündernd durch Europa. Doch unter Großfürst Géza und zumal unter dessen Sohn István (Stephan) wurde der geschichtlich entscheidende Wandel vollzogen: Die Ungarn nahmen den christlichen Glauben an und wurden endgültig sesshaft. Wahrscheinlich am Weihnachtstag des Jahres 1000 wurde Stephan mit einer von Papst Silvester II. gesandten Krone in seiner Residenz Székesfehérvár (Stuhlweißenburg) zum ersten König der Ungarn gekrönt. Er herrschte bis zu seinem Tode im Jahr 1038. Von Papst Gregor VII. wurde Stephan 1083 als »Schild der Christenheit« gegen den heidnischen Osten heilig gesprochen.

Damit waren die Magyaren zum Mitglied der europäischen Christengemeinschaft geworden. Nun standen sie auf der »anderen Seite«, mussten sich stellvertretend für das Abendland gegen ständige Einfälle von Osten zur Wehr setzen: etwa gegen die Mongolen, von denen sie 1241 bei Mohi vernichtend geschlagen wurden; oder natürlich gegen die Türken, die 1526 bei Mohács die ungarischen Heere aufrieben. In den Jahrhunderten darauf drohte das ungarische Volk von den Großmächten der Osmanen und der Habsburger wie zwischen zwei Mühlsteinen zerdrückt zu werden. Die Euphorie der bürgerlichen Revolution von 1848 währte nur kurz, von Sommer bis Herbst 1849 wurde der Aufstand der Ungarn gegen die Herrschaft der Habsburger von den Österreichern und ihrem Verbündeten Russland blutig niedergeschlagen. Die Zeit des Ausgleichs von 1867 an, die berühmte Epoche der »kaiserlichen und königlichen« (k. u. k.) Doppelmonarchie war für Ungarn wirtschaftlich, politisch und kulturell eine Blütezeit. Auch die Hauptstadt Budapest stieg vom besseren Dorf zur europäischen Metropole auf.

*Die Matthiaskirche, Krönungskirche der ungarischen Könige*

Wie in ganz Europa verrauchten auch in Ungarn die Hoffnungen auf eine große Zukunft im Pulverdampf des Ersten Weltkrieges. Am Ende des verlorenen Krieges war die Doppelmonarchie zerfallen, die Wirtschaft ruiniert. Durch den Friedensvertrag von Trianon 1920 war Ungarn um 71 Prozent seines Territoriums kleiner geworden. Seither leben 3,5 Millionen Magyaren außerhalb der Landesgrenzen, vor allem in den Nachbarländern Rumänien, Serbien und Slowakei. Auch im Zweiten Weltkrieg kämpfte Ungarn mit den Achsenmächten und damit auf der »falschen Seite« und fiel nach 1945 unter sowjetische Herrschaft. Der Aufstand von 1956 gegen die vorerst letzte Fremdherrschaft schlug fehl. Erst mit dem Abzug der letzten sowjetischen Soldaten und mit der friedlichen Wende zu Demokratie und Marktwirtschaft im »annus mirabilis« 1989 kehrte Ungarn nach Europa heim – und beging 1996 in Freiheit und Selbstbestimmung die 1100-Jahr-Feier der Landnahme.

Hundert Jahre zuvor wurde aus der großen Millenniumsfeier im nagelneuen Parlament nichts, jedenfalls nicht ganz. Denn am

8. Juni 1896, als Kaiser Franz Joseph und seine von den Ungarn so verehrte Gemahlin Elisabeth, genannt Sissi, nach Budapest kamen, um feierlich die Stephanskrone aus Wien ins Parlament zu überbringen, mussten die hohen Gäste und das Publikum mit der immerhin recht stattlichen Kuppelhalle vorlieb nehmen. Die Seitenflügel befanden sich noch im Rohbau. Vor lauter Gerüsten waren die Umrisse des Gebäudes kaum zu erkennen.

Erst 1902 war das Parlament fertig. In seinen fast 700 Räumen waren 22 Kilo Blattgold zur Dekoration verwendet worden. Das Gebäude verfügte über die erste Klimaanlage in Europa: Tonnen von Eisblöcken mussten herbeigefahren und in die Keller des Parlaments gebracht werden. Von dort wurde die Kaltluft mit mächtigen Gebläsen und über ein Labyrinth von Lüftungsschächten in die Sitzungsräume und Büros verteilt. Das *országház* war damals das größte Parlamentsgebäude der Welt und zudem eine architektonische Kühnheit sondergleichen. Fast ein wenig unverfroren huldigte Steindl mit dem Parlament dem Eklektizismus: barock im Grundriss, die Zentralkuppel im Renaissancestil, dazu Elemente des ungarischen Mittelalters und eine große Portion der letztlich bestimmenden Westminster-Gotik.

Das Baufieber konnte freilich so richtig erst steigen, nachdem durch Abriss in den gewachsenen Vierteln der Innenstadt Platz entstanden war. Der Schriftsteller und Bohemien Gyula Krúdy (1878–1933) beschrieb jene fast überdrehte Gründerzeit folgendermaßen: »Tagsüber haben sie immer gebaut, Türme auf Paläste gesetzt, der Sonne entgegen, und die Nächte glichen eher Begräbnissen, eine unendliche Reihe von Leichenwagen hat das morsche Material aus der Stadt geschafft, die Überreste von alten Menschen, alten Häusern, alten Straßen und alten Sitten.«

Mit der neuen Zeit brach sich auch eine neue Prachtstraße Raum, die von 1872 bis 1886 angelegte Andrássy út. Bis zu 45 Meter breit und fast drei Kilometer lang, verläuft sie schnurgerade vom Kleinen Ring bis zum Heldenplatz mit dem Millenniumsdenkmal. Die ursprünglich und auch heute wieder nach dem Ministerpräsidenten der k. u. k. Monarchie Gyula Graf Andrássy benannte Straße musste schon mancherlei Namensgebungen über sich ergehen lassen: Sie war von 1949 bis 1956 nach Stalin benannt, während der Revolution von 1956 hieß sie »Straße der Ungarischen Jugend« und von Ende 1956 bis 1989 schließlich »Straße der Ungarischen Volksrepublik«. An der Andrássy út reihen sich zweistöckige Villen, prächtige Mietshäuser und natürlich die von Miklós Ybl gebaute Oper, die 1884 eröffnet wurde.

Gekreuzt wird die Andrássy út vom Äußeren oder Großen Ring, der heute nicht mehr nach Lenin benannt ist, sondern wie ehedem nach den Habsburgern Teréz (Theresia), Erzsébet (Elisabeth), József (Joseph) und Ferenc (Franz). Der Große Ring, der auf einem trockengelegten Donauarm von der Margaretenbrücke aus dem Jahr 1878 im Norden bis zur 1937 entstandenen Petőfibrücke im Süden verläuft, wurde von 1871 bis 1896 gebaut. Seine bedeutendsten Gebäude sind neben dem Lustspieltheater (Vígszínház, 1895/96) und dem von Gustave Eiffels Büro in Paris entworfenen Westbahnhof (Nyugati pályaudvar, 1874/77) das Café und Restaurant »New York« (1891). Das mit schwülstiger Pracht überladene »New York« war in den Zwanziger- und Dreißigerjahren des 20. Jhs. Treffpunkt für Schriftsteller, Künstler und Intellektuelle. Viele von ihnen sind auf Karikaturen in den Wandelgängen des Cafés verewigt. Zu Budapests Gründerjahren gehörte eine ausgeprägte Kaffeehauskultur, die zugleich eine Blütezeit der künstlerischen und intellektuellen Entwicklung war. Anders jedoch als steinerne Zeugnisse überdauern die Lebensäußerungen einer Epoche nicht materiell, sondern nur in der Überlieferung. Das Budapester Kaffeehausleben existiert vor allem in der Erinnerung, auch wenn es Wiederbelebungsversuche gibt.

Anderswo gibt es dieses Zusammenstimmen von Leben und Raum aber noch: in den Innenhöfen der drei- bis vierstöckigen Mietshäuser in den Pester Wohnquartieren. Die Eingangstüren zu den einzelnen Wohnungen sind nicht über das Treppenhaus zu erreichen, sondern über umlaufende Balkongalerien. Hier dröhnen der Fernseher und das Radio, dort werden Ehekrisen von Tür zu Tür oder von Etage zu Etage besprochen. Hier wird *lecsó* gekocht, eine Art Gemüseeintopf aus Paprika, Zwiebeln, Paprika, Tomaten und noch einmal Paprika, dort das *pörkölt* geschmort, das im Deutschen irrigerweise

Gulasch heißt. Der offene Hinterhof mit seinen Balkongalerien kommt der Lebensweise der Ungarn entgegen. So lassen sich selbst in der Großstadt dörfliche Nachbarschaften pflegen. Ilona aus dem ersten Stock nimmt schwermütig teil am Unglück von Vera nebenan mit ihrem untreuen Jancsi, weil ihr dasselbe mit Laci auch schon passiert ist oder passieren könnte. Es gibt keinen Grund, Kummer und Freude vor den anderen zu verbergen, weil das Leben für jeden ungefähr die gleiche Menge von beidem bereithält.

Ungarns Hauptstadt darf sich Bad Budapest nennen. 123 Thermalquellen gibt es in der Stadt, zwischen 20 und 76 Grad warm. Aus bis zu 1250 Metern Tiefe sprudeln jeden Tag 70 Millionen Liter Wasser empor. Ein Dutzend Heilbäder tun Rheuma- und Asthmakranken, Gelenk-, Darm- und Kreislaufleidenden ebenso gut wie jedem, der Entspannung sucht. Ins Bad zu gehen gehört zu den regelmäßigen Vergnügungen der Budapester aller Schichten. Man sitzt im wohlig warmen Wasser, pflegt Konversation oder Kontemplation, man politisiert oder spielt Schach. Wahrscheinlich entdeckten schon die Kelten, die im vierten Jahrhundert vor Christus aus dem Westen ins Donaubecken kamen, die Heilkraft der warmen Quellen. Jedenfalls nannten sie ihre Siedlung Ak-Ink, was ungefähr »reiches Wasser« bedeutet. Um 90 n. Chr. errichteten die Römer, die hundert Jahre zuvor Westungarn zu ihrer Provinz Pannonia Inferior gemacht hatten, das Legionslager Aquincum. Dessen Überreste, umfangreiche

Wasserleitungen und Badeanlagen sind noch heute an der Straße nach Szentendre im Bezirk Óbuda zu sehen. Während der Herrschaft der Türken über Ungarn von 1541 bis 1686 entwickelte sich an dem Ort, der einmal Budapest heißen sollte, eine außergewöhnliche Bäderkultur. »Es gibt keine andere Stadt für den Strenggläubigen, welche eine solch große Vielzahl an sprudelnden Quellen hätte, die für jede Krankheit Linderung spenden«, schrieb ein türkischer Reisender über das mittelalterliche Budapest. Die Atmosphäre eines Hamam hat bis in unsere Tage das Király-Bad bewahrt; auf dessen Kuppel prangt sogar noch heute der Halbmond. Außer der Türbe des Gül Baba sind die Bäder die einzigen erhaltenen städtebaulichen Zeugnisse der türkischen Herrschaft. Das Gellért-Bad im gleichnamigen Hotel, erbaut von 1911 bis 1918 im Jugendstil, 1957 restauriert und erweitert, ist das fashionabelste unter den Bädern Budapests. Im weitläufigen Széchenyi-Bad, einer barockisierenden Anlage von 1913, trifft man wahrscheinlich die meisten älteren Damen und ganz gewiss die meisten Schachspieler.

Ein Jahrzehnt nach dem Systemwechsel von 1989, mit dem der Übergang zu Demokratie und Marktwirtschaft begann, treffen in Budapest Tag um Tag alte und neue Zeit in einem großen Knirschen und Ächzen

*Hotel und Thermalbad unter einem Dach: das »Gellért«*

aufeinander. Die Straßen sind dem Verkehr längst nicht mehr gewachsen. Würden nicht mehr als zwei Drittel der Berufspendler das ausgezeichnet ausgebaute Netz von Bussen und Bahnen benutzen, das Verkehrschaos wäre vollkommen. Die Kluft zwischen Arm und Reich in der Gesellschaft wird tiefer. Vor allem die Rentner gehören zu den Verlierern der neuen Zeit, weil viele mit immer weniger Geld die stets steigenden Lebenshaltungskosten nicht mehr tragen können.

Am Deák-Platz ist das Knirschen am deutlichsten zu vernehmen. Fast jeden Tag bricht der Verkehr zusammen. Qualm liegt über dem Platz, rußiger Qualm von Dieselmotoren, öliger Qualm von Zweitaktern. Etwa die Hälfte der mehr als zwei Millionen in Ungarn zugelassenen Fahrzeuge bewegt sich in und um Budapest. In kaum einer Stadt der Welt dürfte es noch so viele »Trabant« und »Wartburg« geben. In den alten Zeiten hatten Ungarn das Privileg, ohne nennenswerte Wartezeiten ein Auto aus der DDR kaufen zu können. Deshalb kamen ungezählte Fahrzeuge mit Zweitaktmotoren ins Land, und viele der umweltschädlichen Fahrzeuge sind noch heute unterwegs.

Am Deák-Platz treffen zwei Hauptverkehrsadern aufeinander: die Andrássy út, unter der die älteste elektrische Untergrundbahn des europäischen Festlands verkehrt, und der Kleine Ring. Hier kreuzen sich außerdem alle Metrolinien: Eine verbindet, tief unter der Donau, in westöstlicher Richtung die beiden Stadthälften Buda und Pest, eine andere, etwas weniger tief, führt auf Pester Seite von Norden nach Südosten in die Trabantenstädte der äußeren Bezirke.

Wenige Schritte vom Eingang zur Metro entfernt, wo sich Menschen mit Einkaufstüten und Aktentaschen an Zeitungskiosken und Kleidertischen vorbeischieben, präsentiert ein Autohaus neue Automodelle aus Deutschland, in denselben Räumen übrigens, in denen einst das DDR-Kulturinstitut neue Bücher und Schallplatten vorstellte – auch aus Deutschland. Die Autos sind nicht für die vielen Alten und Armen gedacht, die sich auf den Bänken rund um den Platz ein Stelldichein geben. In diesem kleinen Stadtraum spiegeln sich Wohl und Wehe Ungarns und seiner Hauptstadt wider. Keine andere Metropole der ehemals sozialistischen Staaten ist auf dem Weg zur Marktwirtschaft so weit vorangeschritten wie Budapest. Der schneidende Wind des Kapitalismus hat ganze Straßenzüge durcheinander gewirbelt, hat die Schwächeren umgeweht und die Gewieften vorangetrieben.

Die großen Städte Mittel- und Osteuropas waren, nachdem sie um die Wende zum 20. Jh. ein meist klassizistisches Gesicht und eine moderne Innenausstattung erhalten hatten, seit dem Ende des Zweiten Weltkrieges in eine Art Halbschlaf versunken. Jetzt sind sie wieder zu alter Lebendigkeit erwacht, und siehe, vieles aus jener fernen Blütezeit passt noch heute. Vieles genügt dem neuen Diktat von Tempo und Geschäftigkeit noch nicht. Doch eine Stadt wie Budapest hat zusammen mit ihren Einwohnern schon ganz andere historische Krisen gemeistert.

# Was schauen wir an?

*In Budapest ist die gewaltige Vielfalt der Baustile selbst zum Stil geworden*

**B**udapest ist eine fabelhafte Monumentalplastik. Ihren Reiz verdankt die Stadt nicht zuletzt dem Umstand, dass sie keinen prägenden Baustil kennt, sondern geradezu unanständig vielfältig ist. Eigentlich ist Budapest kein Original, sondern eine Ansammlung von Kopien, die ihre Vorbilder turmhoch übertrumpfen wollen. In der relativ kurzen Periode vom österreichisch-ungarischen Ausgleich von 1867 bis zum Beginn des Ersten Weltkrieges 1914 wurden Wohnhäuser in neogotischem Stil ebenso wie ausgiebig die Renaissance zitierende öffentliche Gebäude und neubarocke oder klassizistische Paläste gebaut. Dass dabei manches überdimensioniert, ja pompös geriet, war Ausdruck des neu erwachten Nationalstolzes, der allgemeinen Aufbruchstimmung und zugleich der Suche nach Orientierung. Beispielhaft dafür steht das Ensemble am Lajos-Kossuth-Platz mit dem mächtigen Parlament, dem von Alajos Hauszmann geschaffenen Völkerkundemuseum (ursprünglich Oberster Gerichtshof) und dem Landwirtschaftsministerium.

Am ehesten kann noch die ungarische Spielform des Jugendstils als eigenständiges Erbe von architektur- und kunstgeschichtlicher Bedeutung jener überhitzten Epoche gelten. Ödön Lechner (1845–1914) war der geistige Vater dieses spezifisch magyarischen Jugendstils. Wie seine Zeitgenossen trieb auch ihn die Suche nach einer zeitgemäßen nationalen Baukunst. »Eine ungarische Formensprache gab es noch nie, aber es wird sie geben«, sagte Lechner. Er glaubte sie in Stilelementen zu finden, die er für ursprünglich magyarisch hielt, die also aus den Zeiten vor Landnahme (896) und Christianisierung (1000) stammten. Deshalb wandte er sich ab von Klassizismus und Eklektizismus, den bis dahin üblichen Stilen etwa beim Neubau öffentlicher Gebäude. Statt Säulen und Rundbögen benutzte er geschwungene Linien sowie orientalisch anmutende Tier- und vor allem Blumenor-

*Türme, Treppen, Torbögen: die historisierende Schmuckarchitektur der Fischerbastei*

namente. Er griff auf die ungarische Volkskunst zurück, die über die Jahrhunderte hinweg manche Analogie zu indischen und persischen Formen bewahrt hatte. Charakteristisch für die revolutionäre Baukunst Lechners und seiner Schüler ist die Verwendung von farbenprächtigen Majolikakacheln aus der Keramikmanufaktur Zsolnay in Pécs (Fünfkirchen) und bunten Dachziegeln, beispielhaft am Kunstgewerbemuseum und an der ehemaligen Postsparkasse zu sehen.

Budapest ist eine Stadt von gewaltiger Ausdehnung, die sich nicht zu einem einheitlichen Ganzen zusammenfügt. Der grundlegende Bruch ist jener zwischen Buda und Óbuda (Altbuda) am rechten und Pest am linken Donauufer. Auf Budaer Seite steigt das Ufer steil auf. Auf schroffen Felsen thronen das Burgviertel und die Zitadelle. Die Pester Seite dagegen ist ein Flachufer ohne jede nennenswerte Erhebung, und hinter dem Gartenzaun des letzten Vorstadthäuschens beginnt gewissermaßen schon die Puszta. Über wirklich alte Bausubstanz, älter als 150 Jahre, verfügt Budapest fast nur auf dem Budaer Burgberg, der 1988 von der Unesco in die Liste des Weltkulturerbes aufgenommen wurde. Die meisten Gebäude auf Pester Seite wurden dagegen während des großen Baufiebers zwischen 1870 und 1914 errichtet.

## AUSSICHTSPUNKTE

### Fischerbastei (Halászbástya)          (102/B 3)

★ 🔽 Die Fischerbastei wurde unter Leitung des langjährigen Landeskonservators Frigyes Schulek (1841–1919), zu dessen Lebenswerk auch die Restaurierung der Matthiaskirche zählt, zwischen 1899 und 1905 errichtet. Sie ist ein Musterstück historisierender Schmuckarchitektur, halb neoromanisch, halb neugotisch. Gebaut anstelle der baufälligen Stadtmauer, verdankt die Bastei ihren Namen dem Umstand, dass die Zunft der Fischer im Mittelalter für die Verteidigung jenes Abschnittes der Befestigungsanlagen zuständig war und sich zudem in der Nähe der Fischmarkt befand. Von den Gängen und Arkaden, die die fünf »Basteien« miteinander verbinden, bietet sich ein spektakulärer Blick auf die Donau und die Pester Innenstadt. *I., Szentháromság tér, Bus 16*

### Gellértberg (Gellérthegy) mit Freiheitsstatue (Felszabadulási emlékmű) und Zitadelle (Citadella)   (104/B-C 6)

🔽 Die noch von Admiral Horthy bei dem Bildhauer Zsigmond Kisfaludy-Stróbl in Auftrag gegebene Frauenstatue hielt ursprünglich einen Flugzeugpropeller in ihren Händen: Sie sollte nämlich an Horthys Sohn erinnern, der zu Beginn des Zweiten Weltkrieges als Testflieger tödlich verunglückt war. Nach dem Einmarsch der Roten Armee in Budapest im Februar 1945 ersetzte Kisfaludy-Stróbl den Propeller rasch durch einen Palmzweig, und schon wurde aus der wenig friedlichen Frauenfigur die 1947 errichtete Freiheitsstatue, Symbol für die Befreiung vom autoritären, mit Hitler-Deutschland verbündeten Horthy-Regime.

Die Zitadelle wurde von den Habsburgern nach der Niederschlagung der bürgerlichen Revolution in Ungarn 1848/49 errichtet. Die von den Budapestern als »Bastille vom Gellérthügel« geschmähte Zwingburg sollte den Herrschaftswillen des österreichischen Kaiserhauses über die Ungarn verkörpern. Im Zweiten Weltkrieg wurde die Zitadelle als Gefangenenlager und Luftabwehrstützpunkt genutzt. Seit den Sechzigerjahren befinden sich darin ein Restaurant, ein Hotel und Verkaufsstände für Touristen. *XI., Szirtes út, Bus 27*

### Jánosberg (János hegy) und Elisabeth-Aussichtsturm (Erzsébet kilátó) (U/C 4)

✲ Mit 529 Metern ist der Jánosberg der höchste Berg Budas, und deshalb wurde auf seiner Spitze 1908–1910 von Frigyes Schulek der 24 Meter hohe Elisabeth-Aussichtsturm errichtet. Von dort bietet sich vor allem an klaren Tagen ein schöner Blick auf die Berge der Umgebung und die nördlichen Bezirke von Budapest. Die beste Aussicht auf die Stadt hat man bei der Talfahrt mit dem Sessellift. *Libegő, II., János hegyi út, Talstation des Sessellifts in der Zugligeti út (Bus 158 ab Moszkva tér)*

## BÄDER

### Gellért (115/D 4)

★ An diesem Ort befand sich schon im 13. Jh. ein Thermalbad, auch natürlich während der türkischen Herrschaft über Buda von 1541 bis 1686. Das Bad in seiner heutigen Gestalt entstand 1918 mit dem Bau des Gellért-Hotels im Jugendstil. Ein Besuch

## MARCO POLO TIPPS FÜR BESICHTIGUNGEN

**1 Andrássy-Straße mit Oper**
Die »Champs-Élysées« von Budapest (Seite 27, 30)

**2 Fischerbastei und Matthiaskirche**
Der beste Blick von Buda auf Pest und die Donau (Seite 16, 29)

**3 Gellértbad**
Sommers wie winters Budapests fashionabelstes Bad (Seite 17)

**4 Heldenplatz**
Crashkurs in ungarischer Geschichte (Seite 22)

**5 Kerepeser Friedhof**
Pantheon der nationalen Größen (Seite 24)

**6 Margareteninsel**
Budapests grüne Lunge inmitten der blauen Donau (Seite 24)

**7 Vácer Straße**
Einkaufsmeile mit Tradition (Seite 31)

**8 Kettenbrücke**
Die älteste feste Verbindung zwischen Buda und Pest (Seite 20)

**9 Parlamentsgebäude**
Palast der verspäteten Demokratie (Seite 27)

**10 Synagoge in der Dohány utca**
Europas größtes jüdisches Gotteshaus (Seite 29)

des Bades lohnt sich im Winter wie im Sommer, wenn zusätzlich das Wellenbad im Freien in Betrieb ist. Wie in praktisch allen Bädern Budapests muss man auch im Gellért Abstriche bei der Hygiene und beim Komfort machen. *Tgl. 6–20 Uhr, XI., Kelenhegyi út 4, Bus 7, Straßenbahn 18, 19, 47, 49*

### Király (109/E 5)

Das Király ist eines der wenigen Bäder, die aus der Türkenzeit er-

halten blieben. Die Kuppel des Bades ist zugleich das vielleicht bedeutendste Baudenkmal aus jener Epoche. Das Bad wurde 1565 vom Budaer Pascha Arslan erbaut, 1826 umgebaut und erweitert. *Frauentage Di, Do, Sa, Männertage Mo, Mi, Fr. Mo–Fr 6.30–18 Uhr, Sa 6.30–13 Uhr, II., Fő utca 84, Bus 86*

### Lukács (109/E 4)

✪ Das gleichfalls aus türkischer Zeit stammende Bad wurde

*Sommerlicher Badespaß auf der Margareteninsel*

im 19. Jh. im klassizistischen Stil umgebaut. Das Schwimmbad im Lukács ist traditioneller Treffpunkt der Budapester Dichter, Schauspieler, Künstler, Intellektuellen. *Mo–Sa 6–18 Uhr, So 6 bis 16 Uhr, II, Frankel Leó út 25–29, Bus 86*

### Palatinus-Strandbad (109/F 2)

✦♣ Das Freibad mit sieben Becken in einem ausgedehnten Parkgelände wurde in den Jahren 1919–1921 angelegt. An Sommertagen ist es bis heute der Badetreffpunkt für junge Leute schlechthin. *Mai–Mitte September tgl. 6.30–20 Uhr, XIII., Margareteninsel, Bus 26*

### Rudas (104/C 5)

Das Herzstück des vermutlich durch Ali Pascha von Budapest ab 1556 gebauten Bades ist das Thermalbecken unter der eindrucksvollen Kuppel. Das Thermalbad ist leider nur für Männer zugänglich. In das mit 29 Grad angenehm warme Schwimmbecken des Rudas-Bades dürfen aber auch Frauen. *Mo–Sa 6 bis 19 Uhr, So 6–12 Uhr, I., Döbrentei tér 9, Bus 86*

### Széchenyi (111/E 3)

✦ In dem ganzjährig geöffneten Freibad im Stadtwäldchen (Városliget) entstehen jene berühmten Fotografien, auf denen von Dampfschwaden eingehüllte Männer zu sehen sind, die im warmen Wasser sitzend Schach spielen. Zudem gibt es in dem 1909–1913 im neobarocken Stil errichteten Bad eine ausgedehnte Thermalbadabteilung im Inneren. Das ursprünglich 74 Grad heiße Quellwasser wird für die verschiedenen Becken auf 28 bis 37 Grad abgekühlt. *Mo–Fr 7 bis 18 Uhr, Sa/So 6.30–13 Uhr, XIV., Állatkerti út 11, U-Bahn 1: Széchenyi fürdő*

## BAHNHÖFE

### Ostbahnhof
### (Keleti pályaudvar) (117/D 2)

Der 1998 außen restaurierte Kopfbahnhof im Neorenaissancestil galt wegen seiner elektrischen Beleuchtung und des zentralen Stellwerks zur Zeit seiner Fertigstellung im Jahr 1884 als einer der modernsten Bahnhöfe Mitteleuropas. Heute ist der Ostbahnhof vor allem geschäftig und laut, denn hier kommen die meisten internationalen Züge an. Zwei Statuen an der Vorderfront ehren die Erfinder der Dampfmaschine und der Dampflok, James Watt und George Stephenson. *VIII., Baross tér, U-Bahn 2, Keleti pályaudvar*

### Westbahnhof
### (Nyugati pályaudvar) (110/C 5)

Vom Pester Westbahnhof aus rollte am 15. Juli 1846 der erste Eisenbahnzug Ungarns ins rund 35 Kilometer donauaufwärts gelegene Vác. Die Ausschreibung für den Neubau des Bahnhofes gewann das später für den Bau des Eiffelturmes weltberühmte Pariser Architekturbüro von Gustave Eiffel. Die 1877 fertiggestellte Konstruktion, besonders die aus Stahl und Glas errichtete Mittelhalle, beeindruckt durch ihre Leichtigkeit und Transparenz. Im ehemaligen Bahnhofsrestaurant befindet sich heute die architektonisch vielleicht reizvollste McDonald's-Filiale der Welt. *V., Teréz körút 109–111, U-Bahn 3: Nyugati pályaudvar*

### Elisabethbrücke
### (Erzsébethíd) (104/C 5)

In ihrer ursprünglichen Form wurde die nach Elisabeth (Sissi) von Österreich benannte Brücke zwischen 1899 und 1903 gebaut. Zu ihrer Zeit war sie die längste Hängebrücke der Welt. Wie alle Budapester Brücken wurde sie im Zweiten Weltkrieg von der Wehrmacht zerstört. Erst im November 1964 konnte die Elisabethbrücke wieder dem Verkehr übergeben werden – in neuer, noch eleganterer Form und in strahlendem Weiß.

### Freiheitsbrücke
### (Szabadsághíd) (115/D 3)

Die Gittereisenkonstruktion, die auf zwei Konsolen im Flussbett ruht, wurde 1894–1896 errichtet. Sie trug zunächst den Namen des Kaisers Franz Joseph, der eigenhändig einen silbernen Nagel in den Budaer Brückenkopf schlug. Am 16. Januar 1945 sprengte die deutsche Wehrmacht die Brücke. Schon am 20. August 1946 wurde die seither so genannte Freiheitsbrücke als erster Donauübergang wieder eröffnet.

### Kettenbrücke
### (Széchenyi Lánchíd) (103/D 4)

★Die erste Donaubrücke zwischen Buda und Pest wurde in der Zeit des nationalen Erwachens der Ungarn erbaut. Von der Grundsteinlegung am Pester Brückenkopf im August 1842 bis zur Fertigstellung dauerte es sieben lange Jahre, während derer der Traum der Ungarn von der nationalen Unabhängigkeit von den Heeren Habsburgs und Russlands blutig niedergeschlagen wurde. Dem Initiator und Namenspatron der Brücke, dem großen bürgerlichen Reformer Graf István Széchenyi (1791 bis 1860), war es nicht vergönnt, über die Brücke zu schreiten: Im September 1848 brach Széchenyi zusammen und verbrachte den Rest seines Lebens in den Döblinger Irrenanstalten zu Wien.

Schön erfunden, aber unwahr ist die Legende, wonach die von dem Bildhauer János Marschalkó im Jahre 1850 geschaffenen Löwen keine Zunge hätten; wegen des Versäumnisses habe sich der verzweifelte Schöpfer in die Donau geworfen. Wer verbotenerweise hinaufklettert und den Löwen in den Rachen schaut, erkennt sehr wohl die Konturen der Zunge, die bei der majestätischen Raubkatze freilich nicht wie bei einem hechelnden Hund heraushängt.

### Margaretenbrücke
### (Margithíd) (109/F 4)

Die Brücke mit dem berühmten Knick verbindet den Großen Ring in Pest mit dem südlichen Ende der Margareteninsel (Margitsziget) und schließlich dem Margaretenring (Margit körút) am Fuße des Budaer Rosenhügels (Rózsadomb). Sie wurde zwischen 1872 und 1876 unter maßgeblicher Leitung französischer Ingenieure gebaut. Am Samstag, dem 4. November 1944, gegen halb drei Uhr nachmittags, detonierten die von der Wehrmacht angebrachten Minen aus ungeklärter Ursache vorzeitig und rissen 500 Menschen in den Tod. Im August 1948 wurde die Brücke wieder eröffnet, Ende der Siebzigerjahre restauriert und verbreitert.

### Ferenc Deák und István Széchenyi (103/E 4)

Auf dem ovalen Grün des Rooseveltplatzes stehen unter mächtigen Bäumen die Statuen zweier bedeutender Gestalten des 19. Jhs.: Ferenc Deák (1803 bis 1876) und István Széchenyi (1791–1860).

*Lajos Kossuth, Kämpfer für Unabhängigkeit und Freiheit*

Deák, dessen Standbild 1882 von Adolf Huszár geschaffen wurde, war ein liberaler Großgrundbesitzer, der in der bürgerlichen Regierung von 1848 das Amt des Justizministers bekleidete. Er gilt auf ungarischer Seite als Architekt des Ausgleichs mit Österreich von 1867, was ihm den Beinamen des »Weisen der Nation« *(a haza bölcse)* einbrachte.

Széchenyi war an praktisch allen großen Projekten der Reformperiode von 1825 bis 1848 beteiligt: vom Bau der Kettenbrücke und der Schiffbarmachung der Donau über die Einführung der Gasbeleuchtung und des Wasserklosetts bis hin zur Gründung der Akademie der Wissenschaften und zum Aufbau eines modernen Bank- und Finanzwesens. Sein politischer Rivale und Mitstreiter Lajos Kossuth bezeichnete ihn einmal als »den größten Ungarn«. Das von József Engel entworfene Standbild aus Bronze und Granit wurde 1880 enthüllt. *V., Roosevelt tér, Straßenbahn 2*

### Lajos Kossuth und Ferenc Rákóczi II. (103/E 1)

Auf dem Platz vor dem Parlament bekamen die größten Helden der ungarischen Freiheitskriege gegen die Habsburger einen angemessenen Ort des Gedenkens. Das Denkmal von Lajos Kossuth (1802–1894) befindet sich am nördlichen Ende des Platzes und zeigt den »Vater des Unabhängigkeitskampfes« von 1848 in heroischer Pose. Die von Zsigmond Kisfaludy-Stróbl geschaffene Statue ersetzte 1952 ein älteres Denkmal aus dem Jahr 1927, das Kossuth und seine Mitstreiter eher verzagt in Erwartung der unvermeidlichen Niederlage von 1849 gezeigt hatte.

Am Südrand des Platzes steht das bronzene Reiterstandbild von Ferenc Rákóczi II. (1676–1735), geschaffen von János Pásztor. Der rebellische Prinz des damals noch ungarisch regierten Siebenbürgen im heutigen Rumänien führte den Unabhängigkeitskrieg gegen die Habsburger von 1703 bis 1711. Wie sein Nachfolger im Geiste, Lajos Kossuth, scheiterte auch Rákóczi an der militärischen Übermacht der Österreicher. Wie Kossuth, der die zweite Hälfte seines Lebens in Amerika, England und Italien verbrachte, musste auch Rákóczi ins Exil gehen – in die Türkei. *V., Kossuth Lajos tér, U-Bahn 2: Kossuth Lajos tér*

*Erinnerung und Gegenwart: das Millenniumsdenkmal am Heldenplatz*

## Millenniumsdenkmal am Heldenplatz (111/E 4)

★ Aus Anlass der Tausendjahrfeier der magyarischen Landnahme von 896 beschloss das Parlament, ein Denkmal am Heldenplatz errichten zu lassen. Doch erst 1929 war das von dem Architekten Albert Schickedanz und dem Bildhauer György Zala gemeinsam geschaffene Monumentaldenkmal endlich fertig. Auf der zentralen, 36 Meter hohen Säule wacht der Erzengel Gabriel über die Reiterstatuen von Fürst Árpád und sechs weiteren Stammesfürsten aus der Zeit der Landnahme. Der Legende nach erschien der Engel Gabriel Ungarns erstem vom Papst gekrönten König Stephan (997 bis 1038) im Traum und befahl ihm, die heidnischen Magyaren zum Christentum zu bekehren. Zu Füßen der Säule befindet sich das 1929 eingeweihte Heldendenkmal, ein schlichter Steinquader mit der Aufschrift: »Dem Gedenken der Helden, die ihr Leben der Freiheit unseres Volkes und der nationalen Unabhängigkeit geopfert haben.« Die Standbilder in der Kolonnade sind eine Art Schnellkurs in ungarischer Geschichte von deren Anfängen in Europa bis zum Ende des 19. Jhs.: von den Königen des Mittelalters über die Helden der Kriege gegen die Türken bis hin zum großen Unabhängigkeitskämpfer von 1848, Lajos Kossuth. Für die Verbindung zur Gegenwart sorgen die Skateboarder, Rollerskater und Kunstradfahrer, die den glatten Steinbelag des Heldenplatzes als Trainingsgelände benutzen. *XIV., Hősök tere, U-Bahn 1: Hősök tere*

## Sándor Petőfi (104/C 4)

Das 1882 von Adolf Huszár und Miklós Izsó geschaffene Denkmal zeigt Ungarns größten Dichter mit erhobener Hand, als ob er sein berühmtes Nationallied »Auf, Magyare, es ruft die Heimat!« deklamierte. Petőfi fiel, im Alter von nur 26 Jahren, 1849 im ungarischen Freiheitskampf gegen die mit Habsburg verbündeten Heere des Zaren. Das Denkmal des bis heute tief verehrten Dichters und Patrioten ist traditionell Ausgangspunkt für politische Demonstrationen. 1942 kamen die Teilnehmer einer verbotenen antifaschistischen Kundgebung zu Füßen Petőfis zusammen. Am 23. Oktober 1956 nahm eine der ersten Demonstrationen beim Volksaufstand gegen die Sowjetherrschaft hier ihren Ausgang. Und während der Zeit, in der sich der Kommunismus seinem Ende zuneigte, versammelten sich Dissidenten vor dem Denkmal zu ihren inoffiziellen Demonstrationen. *V., Petőfi tér, Straßenbahn 2*

## Skulpturenpark (Szoborpark)  (U/C 6)

Nach den ersten freien Wahlen von 1990 beschloss der neu gewählte Budapester Stadtrat, die soeben aus der Mode gekommenen Standbilder der kommunistischen Zeit nicht einfach schleifen zu lassen, sondern ihnen eine dauerhafte Ruhestätte zu gewähren. Der Architekt Ákos Eleőd gestaltete in dem Außenbezirk Budatétény eine würdevolle Umgebung für die historischen Altlasten aus Marmor und Bronze, für Marx und Engels, Lenin und Dimitrov, für die ungezählten ungarischen und internationalen Helden der Arbeiterklasse. *April–Okt. tgl. 10–18 Uhr, im Winter nur an Wochenenden, XXII., Balatoni út, Ecke Szabadkai utca, Bus 50*

## Stephan der Heilige (Szent István)  (102/B 3)

Zehn Jahre nahmen die Arbeiten des Bildhauers und Architekten Alajos Stróbl in Anspruch, bis im Jahr 1906 das Reiterstandbild König Stephans I. (970–1038) vollendet war. Der nach seinem Tod heilig gesprochene König einigte die magyarischen Stämme aus der Zeit der Landnahme und schuf damit den ungarischen Staat. Zugleich vollzog er die Christianisierung der Ungarn und führte sie in den abendländischen Kulturkreis. *I., Szentháromság tér, Bus 16*

*Denkmal König Stephans des Heiligen*

## Türbe des Gül Baba (Gül Baba Türbéje)  (109/E 4)

Das Grabmal des 1541 verstorbenen Derwisches und Rosenliebhabers wurde von 1543 bis 1548 vom damaligen Pascha Jaja errichtet. Es ist neben den Bädern das wichtigste Baudenkmal aus türkischer Zeit. *Mai–Okt. Di bis So 10–18 Uhr, II., Mecset utca 14, Bus 191*

## Raoul Wallenberg  (108/B 4)

Es dauerte mehr als 40 Jahre, bis Ungarn dem legendären Sekretär der Schwedischen Botschaft in Budapest das 1987 von Imre Varga geschaffene Denkmal setzte. Nach seiner Versetzung nach Budapest im Juli 1944 rettete der 1912 geborene Wallenberg Tausenden Juden das Leben, indem er ihnen schwedische Papiere ausstellte. Im Januar 1945 wurde er von der Roten Armee als angeblicher Spion nach Moskau verschleppt, wo er vermutlich 1947 im berüchtigten Lubianka-Gefängnis starb. Offiziell gilt Wallenberg noch immer als verschollen. *II., Szilágy Erzsébet fasor 101, Ecke Nagyajtai utca, Straßenbahn 56 und Bus 56*

## FRIEDHÖFE

### Kerepeser Friedhof (Kerepesi temető) (117/D–E 3)

★ ✪ Die offizielle Ruhestätte der nationalen Größen Ungarns aus Politik und Kunst ist zugleich ein ausgedehnter Park mit uraltem Baumbestand. In der Nähe des gewaltigen Mausoleums von Lajos Kossuth, das im August 1999 nach jahrelanger Renovierung wiedereröffnet wurde, befindet sich das 1958 errichtete Pantheon der Arbeiterbewegung. Dort wurden bis 1989 verdiente Kämpfer für den Kommunismus beigesetzt. Auch János Kádár, Ungarns letzter Parteichef, und József Antall, der erste freigewählte Ministerpräsident nach der Wende von 1989, liegen nur ein paar Meter voneinander begraben. Der benachbarte *jüdische Friedhof* in der *Salgotarjáni utca* lohnt wegen seiner eindrucksvollen Mausoleen einen Besuch. *Tgl. 8–17 Uhr im Winter, im Sommer 8–20 Uhr, VIII., Fiumei út 16, U-Bahn 2: Keleti pályaudvar*

### Neuer Gemeindefriedhof mit Parzelle 301 (Uj Köztemető) (U/E 5)

✪ Die berüchtigte Parzelle 301 im äußersten nordöstlichen Zipfel dieses größten Friedhofes von Budapest im Stadtteil Rákoskeresztúr ist gut zwei Kilometer vom Haupteingang entfernt. Auf dieser Parzelle wurden Imre Nagy, der am 16. Juni 1958 hingerichtete Ministerpräsident zur Zeit des Volksaufstandes von 1956, und seine engsten Mitstreiter heimlich verscharrt. Bei der Exhumierung vor der feierlichen Wiederbestattung am 16. Juni 1989 fand man die Leichen mit dem Gesicht nach unten im Erdreich liegen. Seit 1989 findet jedes Jahr am 23. Oktober, dem Nationalfeiertag zum Gedenken an den Volksaufstand, eine Gedenkfeier auf der Parzelle 301 statt. Hunderte hölzerner Stelen erinnern an die mehr als 300 Opfer der blutigen Vergeltung der Kommunisten unter János Kádár nach der Niederschlagung des Aufstandes. Auch hier ist ein *jüdischer Friedhof (Eingang Kozma utca 6)* mit einst prachtvollen, heute meist zerfallenen Mausoleen benachbart. Das von Ödön Lechner und seinem Schüler Béla Lajta geschaffene Grabmal der Kaufmannsfamilie Sándor Schmidl ist eines der kühnsten Bauwerke des ungarischen Jugendstils überhaupt. *Tgl. 8–17 Uhr im Winter, 8–20 Uhr im Sommer, X., Kozma utca 8–10, Straßenbahn 28, 37*

## GÄRTEN UND PARKS

### Margareteninsel (Margitsziget) (110/A4–B1)

★ ✪ ⚘ Die »grüne Lunge« Budapests, inmitten der Donau zwischen Margareten- und Árpád-brücke gelegen, ist zu jeder Jahreszeit ein Refugium vor dem Lärm und der Hektik der Metropole. Privater Autoverkehr ist auf der 2,5 Kilometer langen und bis zu 500 Meter breiten Insel verboten, nur von der Árpád-brücke kommend kann ein Parkplatz an der Nordspitze der Insel angefahren werden. Im Mittelalter war die damals so genannte »Haseninsel« ein beliebtes Jagdrevier der Arpadenkönige. Ihren jetzigen Namen verdankt die Insel Margarete, Tochter König Bélas IV. (1235–1270). 1869 wurde die Insel für die Öffentlichkeit geöffnet, 1908 erwarb die Stadt den Park in der Donau und erhob einen Eintrittspreis. Erst nach 1945 wurde die Insel als öffentlicher Park für alle kostenlos zugänglich. Seither ist die Margareteninsel eines der beliebtesten Erholungsgebiete, das über Tennisplätze und weite Grünflächen, über ein Hallen- und ein Freibad, über Freilichttheater und mittelalterliche Klosterruinen, einen Rosengarten und einen kleinen Tierpark verfügt.

*Straßenbahn 4, 6 (Margaretenbrücke), Bus 26, 106 (Árpádbrücke)*

### Stadtwäldchen (Városliget)  (111/E 3–F 5)

Auf dem einst sumpfigen Wiesengrund befand sich 1896 die Hauptausstellung zur Tausendjahrfeier der ungarischen Landnahme. Auch die eklektizistische »Märchenburg« *Vajdahunyad*, die teilweise einer mittelalterlichen Burg in Siebenbürgen nachempfunden ist und heute das Landwirtschaftsmuseum beherbergt, wurde anlässlich der Millenniumsfeierlichkeiten gebaut. Beliebter Treffpunkt für Jugendliche ist die *Eislaufbahn (Olof Palme sétány, Nov.–März Mo–Fr 9–13 Uhr, Sa, So 10–14 Uhr sowie tgl. 16–20 Uhr)*. Am *Állatkerti körút (Tiergartenring)* befinden sich nebeneinander der *Zoologische Garten (tgl. 8–18 Uhr, im Winter bis 16 Uhr)*, der *Hauptstädtische Zirkus (tgl. Vorführungen)* und der *Vergnügungspark (Vidámpark)* mit seinen herrlich altertümlichen Attraktionen wie etwa der hölzernen Achterbahn. *XIV., U-Bahn 1: Hősök tere und Széchenyi fürdő*

*Das Palmenhaus im Zoologischen Garten*

### Akademie der Wissenschaften (Magyar Tudományos Akadémia) (104/B 1)

Die Akademie der Wissenschaften ist eine der vielen Gründungen des Grafen István Széchenyi (1791–1860), mit der die nationale Identität der Ungarn gefestigt werden sollte. 1825 stiftete Széchenyi ein Jahreseinkommen als Grundstock für die Akademie, und auf die Frage, wovon er denn selbst leben wolle, antwortete er: »Meine Freunde werden mich unterstützen.« Mit dem ersten Gebäude im Stil der Neorenaissance, errichtet nach Plänen des Berliner Architekten Friedrich August Stüler zwischen 1862 und 1864, erhielt die Akademie einen angemessenen Sitz. Heute hat die Akademie zehn Sektionen mit bis zu 200 Mitgliedern, die neben einem eher bescheidenen Gehalt auch ihre Taxifahrten erstattet bekommen. Die Wahl eines neuen Akademiepräsidenten ist bis heute ein wichtiger kulturpolitischer Akt. *V., Roosevelt tér 9, Straßenbahn 2*

### Alte Börse (Tőzsde) (103/F 2)

Das 1905 von Ignác Alpár errichtete klassizistische Gebäude der Börse ist eines der beeindruckendsten Monumentalbauwerke von Pest. Nach dem Zweiten Weltkrieg war darin das Lenin-Institut untergebracht, das 1958 dem Staatlichen Fernsehen MTV weichen musste. Die 1990 wieder eröffnete Börse ist in dem ebenfalls von Alpár gebauten Bankpalast in der *Váci utca, Ecke Türr István utca* untergebracht. *V., Szabadság tér 1,. U-Bahn 2: Kossuth Lajos tér*

*Blick auf den Burgpalast*

### Burgpalast (Budavári palota) (102/C 5)

❧ Eine erste königliche Residenz wurde auf dem gut anderthalb Kilometer langen Felsplateau des Budaer Burgberges nach dem Ende des Mongolensturms unter König Béla IV. (1235 bis 1270) errichtet. Unter der Anjou-Dynastie entstand im 14. und 15. Jh. ein gotischer Burgpalast, von dem bis heute einige Reste zeugen. Während der Regentschaft von Matthias Corvinus (1458–1490), Förderer von Kunst und Wissenschaften, wurde im Stil der Renaissance erweiterte Burg zu einem kulturellen Zentrum Mitteleuropas. Unter der osmanischen Herrschaft 1541 bis 1686 erfolgte der Ausbau der Befestigungsanlagen, die 1578 bei einer Explosion der Pulverkammern zerstört wurden. Erst unter Maria Theresia (1740 bis 1780) wurde wieder ein großer Palast errichtet. Im Unabhängigkeitskampf von 1848/49 fielen große Teile der Burg den Flammen zum Opfer. In seiner heutigen neobarocken Gestalt wurde der Burgpalast unter der Leitung der Architekten Miklós Ybl und Alajos Hauszmann nach dem Ausgleich von 1867 errichtet. Während der Belagerung Budapests 1944/45 brannte der Burgpalast abermals vollständig aus. Die Restaurierungsarbeiten dauerten bis in die Achtzigerjahre. Der Burgpalast ist das größte Gebäude Ungarns, in dem unter anderem die Széchenyi-Nationalbibliothek, das Budapester Historische Museum, die Ungarische Nationalgalerie und das Museum Ludwig untergebracht sind. *I., Szent György tér, Standseilbahn vom Clark Ádám tér, Bus 16 (Burgbus)*

## Gresham-Palast  (104/C 2)

Das monumentale Jugendstilgebäude am Pester Brückenkopf der Kettenbrücke wurde 1907 im Auftrag der Londoner Versicherungsgesellschaft Gresham von den Baumeistern Zsigmond Quittner und József und László Vágó gebaut. 1999 begann der Umbau des bis dahin als Bürohaus und Kasino genutzten Palastes in ein Luxushotel. *V., Roosevelt tér 4–6, Straßenbahn 2*

## Oper (Operaház)  (110/C 6)

★ Miklós Ybls Meisterwerk, entstanden zwischen 1875 und 1884, ist das wohl prachtvollste Beispiel der Neorenaissance-Architektur mit barocken Elementen in Budapest. Die von Alajos Stróbl geschaffenen Statuen Ferenc Erkels, des Komponisten der schwermütigen ungarischen Nationalhymne, und Franz Liszts wachen gleichsam als die Hausheiligen auf beiden Seiten des Haupteingangs über die Geschicke der Oper. Die Ausstattung des Foyers mit dem marmornen Treppenaufgang sowie des mit Gemälden und Ornamenten reich geschmückten Auditoriums steht der prachtvollen Außenfassade in nichts nach. *Führungen in deutscher Sprache tgl. 15 und 16 Uhr, VI., Andrássy út 22, U-Bahn 1: Opera*

## Pariser Hof (Párizsi udvar)  (105/D 4)

Die Passagen des Pariser Hofes, errichtet nach Plänen von Henrik Schmahl zwischen 1909 und 1913, sind bis in die Gegenwart ein umtriebiges Einkaufszentrum. Das Gebäude, das einst von der Innerstädtischen Sparkasse in Auftrag gegeben wurde, dominiert mit seiner reich verzierten Fassade den Franziskanerplatz (Ferenciek tere) am Pester Brückenkopf der Elisabethbrücke. *V., Ferenciek tere 10–11, U-Bahn 3: Ferenciek tere*

## Parlament (Országház)  (103/E 1)

★ Recht besehen verging ein Jahrhundert, bis Ungarns Parlament seiner Bestimmung übergeben wurde. Denn erst die Wahlen von 1990 eröffneten eine Epoche, in der im gewaltigen Országház (Haus des Landes) wirklich die Angelegenheiten des Landes von demokratisch gewählten Abgeordneten bestimmt werden. Zur Zeit der Errichtung des Parlaments waren nicht einmal zehn Prozent der Bevölkerung wahlberechtigt. Die nationalen Minderheiten, die damals fast die Hälfte der Gesamtbevölkerung stellten, waren deutlich unterrepräsentiert. Der Kampf um das allgemeine Wahlrecht kennzeichnete die politischen Auseinandersetzungen bis zur Ausrufung der Republik 1918 auf dem Platz vor dem Parlament. Das allgemeine Wahlrecht wurde aber erst 1945 eingeführt, um drei Jahre später nach der kommunistischen Machtübernahme faktisch wieder abgeschafft zu werden. Seit 1990 ist Ungarn eine stabile Demokratie. Von den beiden halbkreisförmigen Sitzungsräumen benutzen die 386 Abgeordneten nur einen, der andere wird für Konferenzen genutzt. Auch Präsident und Ministerpräsident haben im Parlament ihre Amtsräume. Der Bau des Parlaments dauerte von 1884 bis 1902. Durchschnittlich arbeiteten 1000 Menschen täglich in und an dem Gebäude. Fast 700 Räume hat das an der Kuppelspitze 96 Meter hohe Parlament. Mit seinem Hauptwerk schuf Imre Steindl (1839–1902) die Summe des ungarischen Eklektizismus. Die Besichtigung des Parlaments und der im März 2000 aus dem Nationalmuseum hierher verbrachten Krönungsinsignien ist nur in geführten Gruppen möglich. *Anmeldungen über Hotels und Reisebüros, V., Kossuth Lajos tér, U-Bahn 2: Kossuth Lajos tér*

## Pester Redoute
### (Pesti Vigadó)  (104/C 3)
Das 1859–1865 erbaute Vigadó ist als Konzerthalle und Ballsaal der Ort für die leichtere Form der musikalischen Unterhaltung. Das von Frigyes Feszl entworfene, reich mit Ornamenten und Gemälden versehene Gebäude ist das bedeutendste Werk der romantischen Architektur in Ungarn. *V., Vigadó tér, U-Bahn 1: Vörösmarty tér*

## Postsparkasse
### (Postatakerékpenztár)  (103/F 2)
Das jüngst sorgfältig restaurierte Haus gehört seit 1945 zur Ungarischen Nationalbank. Die Fassade des 1900 von Ödön Lechner entworfenen Gebäudes ist geprägt von farbenprächtigen Kachelornamenten und gewagten Formen. Bienen krabbeln die Wände zu den Bienenstöcken auf dem Dach empor – so wie sich die Groschen der Sparer zu einem Kapitalstock vermehren. *V., Hold utca 4, U-Bahn 3: Arany János utca*

## KIRCHEN/SYNAGOGEN

## Basilika
### (Szent István Bazilika)  (105/D 1)
Der Bau der größten Kirche Budapests zog sich über mehr als ein halbes Jahrhundert hin. Nach dem neoklassizistischen Entwurf József Hilds begannen die Arbeiten 1851 und wurden nach dem Tod Hilds 1867 von Miklós Ybl fortgeführt. Bei einem Sturm im Januar 1868 stürzte die fast 100 Meter hohe Kuppel ein und zerstörte das halb fertige Gotteshaus. Die Arbeiten wurden nach modifizierten Plänen wieder aufgenommen und nach dem Tod Ybls 1891 von József Kauser bis 1905 zu Ende geführt. *V., Szent István tér, U-Bahn 1: Bajcsy-Zsilinszky út*

## Franziskanerkirche
### (Ferenciek templom)  (105/E 4)
Von dem einstigen gotischen Franziskanerkloster des 13. Jhs., das während der Türkenherrschaft als Moschee diente, sind keine Reste geblieben. Die heutige Barockkirche entstand zwischen 1727 und 1743 nach Plänen franziskanischer Baumeister.

Eine Gedenktafel und ein Relief an der linken Wand der Kirche erinnern an die Große Flut vom März 1838, als die Donau fast die ganze Pester Innenstadt überschwemmte, mehr als 400 Menschen in den Tod riss und 2000 Häuser zerstörte. *V., Ferenciek tere 2, U-Bahn 2: Ferenciek tere*

## Matthiaskirche
### (Mátyástemplom) (102/B 3)

★ Die Krönungskirche der ungarischen Könige heißt eigentlich Liebfrauenkirche (Nagyboldogasszony-templom). Ihren gebräuchlichen Namen verdankt sie dem Umstand, dass König Matthias Corvinus (1458–1490) seine beiden Hochzeiten mit großem Pomp in der Kirche feierte. Schon Stephan der Heilige soll 1015 auf dem Burgberg eine Marienkirche gestiftet haben, die beim Mongolensturm 1241 zerstört wurde. Im 13. Jh. entstand an der Stelle zunächst eine romanische Basilika, die König Ludwig der Große (1342–1382) im gotischen Stil umbauen ließ. Während der türkischen Besetzung Budas von 1541 bis 1686 war die von Zerstörung verschonte Matthiaskirche als »Alte Moschee« oder »Nordmoschee« ein muslimisches Gotteshaus. Nach der Vertreibung der Türken wurde die Kirche zunächst den Franziskanern und später an die Jesuiten übergeben, die sie im barocken Stil ausbauten. 1867 vollendete die Krönung von Kaiser Franz Joseph I. (1848–1916) zum König von Ungarn in der Matthiaskirche den österreichisch-ungarischen Ausgleich. Unter Frigyes Schulek erfolgte zwischen 1873 und 1896 die grundlegende Sanierung und Umge-

staltung der renovierungsbedürftigen Kirche im neugotischen Stil. *I., Szentháromság tér, Bus 16 (Burgbus)*

## Synagoge in der Dohány-Straße
### (Dohány utcai zsinagoga) (105/E–F 3)

★ Europas größte Synagoge entstand zwischen 1854 und 1859 nach Plänen des Wiener Architekten Ludwig Förster im historisierenden maurisch-byzantinischen Stil. Die Synagoge mit den zwei Zwiebeltürmen ist bis heute das geistige Zentrum des liberalen Judentums und bietet fast 3000 Gläubigen Platz. Im Hof der Synagoge, wo sich das Holocaust-Denkmal des Bildhauers Imre Varga aus dem Jahr 1991 befindet, wurden mehrere Tausend Opfer des Faschismus begraben. *VII., Dohány utca 2–8, U-Bahn 1: Astoria*

## Synagoge in der Sebestyén-Rumbach-Straße
### (Rumbach Sebestyén utcai zsinagoga) (105/E 2)

Die auch »Kleine Synagoge« genannte, zwischen 1872 und 1879 entstandene Synagoge in der Rumbachstraße ist ein Frühwerk des Wiener Jugendstil-Architekten Otto Wagner (1841–1918). Sie ist bis heute der Sitz der konservativen jüdischen Gemeinde, die sich den Assimilierungsbestrebungen der liberalen Juden ebenso widersetzte wie den Isolationstendenzen der kleinen orthodoxen Gemeinde. Die Ziegelfassade mit den blauen Kacheln und dem Turmpaar mutet orientalisch an, die elegante Gusseisenkonstruktion im Inneren verrät den Modernismus des später weltberühmten Otto Wagner.

*VII., Rumbach Sebestyén utca 11–13,*
*U-Bahn 1, 2, 3: Deák tér*

## Universitätskirche
## (Egyetemi templom) (105/E 5)

Das Meisterwerk Budapester Barockarchitektur wurde 1722 bis 1744 nach Plänen des aus Salzburg stammenden Baumeisters Andreas Mayerhoffer errichtet. Eindrucksvoll ist vor allem die reich mit Holzintarsien versehene Eingangstür. *V., Papnövelde utca 7, Bus 15*

### PLÄTZE

## Hauptplatz (Fő tér) (107/D 5)

Bedrohlich nahe rücken die unansehnlichen Wohnsilos aus den Sechzigerjahren dem Hauptplatz von Óbuda (Altbuda). Vermutlich befand sich an dieser Stelle schon zu Zeiten der Römer ein Siedlungszentrum, und so blieb es über das Mittelalter bis ins 20. Jh. Die niedrigen Wohn- und Geschäftshäuser im Stil des Barock und des Klassizismus, das Rathaus und vor allem das Zichy-Schloss mit seinen Ausstellungsräumen und dem Innenhof für Freiluftkonzerte an Sommerabenden machen den Hauptplatz heute zu einem Zentrum der Kultur und der Lebensart in ungewöhnlicher Umgebung. *III., HÉV nach Szentendre: Árpád híd*

## Kodály-Rotunde
## (Kodály körönd) (111/D 5)

Der eindrucksvolle Platz ist durch die vier symmetrischen Wohn- und Bürohäuser im Stil der Neorenaissance beiderseits der *Andrássy út* geprägt. Im Haus *Kodály Körönd 1* befindet sich in der ehemaligen Wohnung des Komponisten und Musikpädago-

gen Zoltán Kodály (1882–1967) das *Kodály Museum (Mi 10–16, Do–Sa 10–18, So 10–14 Uhr). VI., U-Bahn 1: Kodály körönd*

### STRASSEN

## Andrássy-Straße
## (Andrássy út) (110/B 6–111/E 4)

★ Die »Champs-Elysées« von Budapest sind das Paradebeispiel für die städtebauliche Aufbruchstimmung nach dem Ausgleich von 1867. Per Gesetz wurde 1870 der Bau einer schnurgeraden Prachtstraße beschlossen. Zwei Jahre später begannen die Arbeiten, die 1886 abgeschlossen wurden. Die Andrássy út besteht aus drei jeweils etwa einen Kilometer langen Abschnitten. Bis zum Oktogon stehen mehrstöckige Wohn- und Geschäftshäuser in geschlossener Baureihe, mächtige Alleebäume recken sich in den Himmel. Vom Oktogon an öffnet sich die Straße von 34 Meter auf nun 45 Meter Breite. Eine zweite Reihe Bäume und eine zusätzliche Fahrbahn kommen hinzu. Den dritten Abschnitt von der Kodály-Rotunde bis Heldenplatz schließlich prägen Villen mit parkähnlichen Gärten. Die unter der Andrássy út verlaufende *Földalatti* (»Unterirdische«) wurde 1896 nach nur zwei Jahren Bauzeit als erste Untergrundbahn auf dem europäischen Kontinent in Betrieb genommen. Nur die Londoner Subway verkehrte früher als die Földalatti, die heutige U-Bahn 1.

## Großer und Kleiner Ring
## (Nagykörút und
## Kiskörút) (110/B 4–115/F 4)

Der Große Ring verbindet auf einer Länge von knapp 4,5 Kilometern auf Pester Seite die Margaretenbrücke im Norden mit der Petőfibrücke im Süden. Die Bauarbeiten, die zeitgleich mit jenen an der Andrássy út begannen, dauerten 35 Jahre. Zunächst musste ein Seitenarm der Donau zugeschüttet, erst dann konnten mehr als 250 Gebäude abgerissen und ebenso viele neu gebaut werden. Die durchgehend 45 Meter breite Ringstraße verläuft durch fünf Bezirke und trägt entsprechend verschiedene Namen: den des Heiligen Stephan (*Szent István*) sowie der Habsburger Theresia (*Teréz*), Elisabeth (*Erzsébet*), Joseph (*József*) und Franz (*Ferenc*). Die meisten Wohn- und Geschäftshäuser am Großen Ring wurden etwa zur gleichen Zeit gebaut und bilden als geschlossenes Ensemble das eindrucksvollste Beispiel der eklektizistischen Architektur des späten 19. Jhs. Der 1,5 Kilometer lange Kleine Ring (Kiskörút) ist unvollständig, denn er führt von der *Freiheitsbrücke (Szabadság híd)* im Süden nur bis zum *Deák-Platz (Deák tér)* und eben nicht bis zur Kettenbrücke (*Lánchíd*). Der Kleine Ring, dessen drei Abschnitte die Namen *Karlsring (Károly körút), Museumsring (Múzeum körút)* und *Zollhausring (Vámházkörút)* tragen, ist architektonisch abwechslungsreicher als der Große Ring. *Großer Ring Straßenbahn 4,6; Kleiner Ring Straßenbahn 47,49*

### Vácer Straße
**(Váci utca)**          **(104/C 3–105/E 6)**

★ Wahrscheinlich ist ein Gang durch die Fußgängerzone der Váci utca zwischen Vörösmarty tér, Ferenciek tere und Fővám tér für jeden Besucher Budapests unvermeidlich. Man findet dort die für Einkaufsmeilen in Weltstädten typischen Boutiquen, Parfümerien, Schuhgeschäfte und so fort. Ein eigenes Flair hat vor allem der jüngst zur Fußgängerzone umgestaltete südliche Abschnitt der Váci utca bis zum Fővám tér, der erst nach und nach von den Touristen entdeckt wird. *V., Vörösmarty tér, U-Bahn 1: Vörösmarty tér, U-Bahn 3: Ferenciek tere*

*Parfümerie in der Einkaufsstraße Váci utca*

# Zwei Stunden im Museum

*Budapests große Museen sind Stätten der Selbstvergewisserung eines kleinen Volkes*

Insgesamt verzeichnet Budapest 220 Museen, Ausstellungsräume und Galerien. 60 davon sind Museen im eigentlichen Sinne, deren Bestand und Betrieb durch die öffentliche Hand gesichert wird. Im Unterschied zu den Galerien und kleineren Ausstellungsräumen privater Sammler, die meist auf bestimmte Epochen oder Stile spezialisiert sind und ein kommerzielles Interesse verfolgen, haben die Sammlungen der großen Museen in Budapest eine gleichsam volkspädagogische Funktion. Dabei stehen häufig die nationale Geschichte oder der ungarische Beitrag zu bestimmten Entwicklungen im Vordergrund. Die in der ersten Hälfte des 19. Jhs. entstandenen großen Museen hatten die Funktion der Selbstvergewisserung einer kleinen Nation. Obwohl die Sammlung, die Graf Széchenyi dem 1802 gegründeten Nationalmuseum überließ, eher überschaubar war, wurde ein klassi-

*Ein Besuch des Völkerkundemuseums lohnt auch wegen seiner Architektur*

zistisches Gebäude von gewaltigem Ausmaß gebaut. Es ist bis heute so etwas wie ein nationaler Tempel geblieben, verbunden mit wichtigen historischen Ereignissen: Im Garten des Museums sammelte sich 1848 die Jugend, angefeuert vom revolutionären Dichter Sándor Petőfi und dessen Nationallied (Nemzeti Dal). Auch die Nationalgalerie, gegründet 1845 und später bereichert durch die Gemäldesammlung der Familie Esterházy, verschrieb sich fast auschließlich der Sache der ungarischen Malerei. Deshalb können Museumsbesucher in Budapest nicht erwarten, dass sie wie in den großen Häusern von Paris, London, Amsterdam oder Berlin den vollständigen Querschnitt einer Epoche oder die größten Werke einer Kunstgattung sehen. Dafür bieten die Museen Budapests einen spezifisch ungarischen Blick auf ihren Gegenstand und vertiefen damit das Verständnis für diese Nation und ihre Geschichte. Die meisten Museen, die Eintrittspreise von umgerechnet kaum mehr als einem Euro erheben, sind montags geschlossen.

*Einst wegen ihrer Heilquellen berühmt: die römische Stadt Aquincum*

## Aquincum (107/D 1)

⭐ Spuren der römischen Besiedlung des Donauufers bei Óbuda sind zwischen der Pacsirtamező utca auf Höhe der Margareteninsel – dort befinden sich die Reste des militärischen Amphitheaters (109/F 1) – bis zum etwa vier Kilometer weiter nördlich gelegenen Museum zu sehen. Um die Zeit Christi begannen römische Kolonisten die Pannonia genannte Provinz zu besiedeln. Gegen Ende des 4. Jhs. wichen die Römer den Hunnen und evakuierten ihre Garnisonsstadt Aquincum. Die Garnison mit 6000 Soldaten befand sich nahe dem heutigen Florián tér an der großen Kreuzung von Árpád híd und Szentendrei út (106/C 5). Überreste wurden auch bei Straßenbauarbeiten 1970 entdeckt; sie sind heute unter der Unterführung zu sehen. Von der römischen Bürgerstadt sind Reste von Bädern und Wasserleitungen, von Mosaiken und einem weiteren Amphitheater zu sehen. Die wegen ihrer warmen Heilquellen im ganzen Römischen Reich gerühmte Stadt Aquincum dürfte zu ihrer Blütezeit im 4. Jh. 40 000 Einwohner gezählt haben. *Mai bis Okt tgl. 10–18, April, Nov. Di–So 10–17 Uhr, III., Szentendrei út 139, HÉV: Aquincum, Bus 34, 42*

## Béla-Bartók-Gedenkhaus (Bartók Béla Emlékház) (108/A 2)

In der Villa lebte der große Komponist und Musikwissenschaftler Béla Bartók (1881–1945) von 1932 bis zu seiner Emigration in die USA 1940. In der Ausstellung werden Einrichtungsgegenstände, Fotos und Dokumente aus Bartóks Leben und Schaffen gezeigt. Freitags finden oft Kammerkonzerte statt. *Di–So 10–18 Uhr, II., Csalán út 29 (Ecke Csévi utca), Bus 5, 29*

## Budapester Historisches Museum (Budapesti Történeti Múzeum) (104/A 3)

⭐ Die ständige Ausstellung »Budapest im Mittelalter« im Erdgeschoss präsentiert mit ausführlich erläuterten Bauresten, Stichen, Zeichnungen und Karten die Geschichte Budas jener Epoche. Ebenfalls im Erdgeschoss sind im so genannten Gotischen Saal jene 62 gotischen Skulpturen und Torsi ausgestellt, die 1974 bei Ausgrabungen auf dem Burgberg unter Metern von Schutt entdeckt wurden. Im Untergeschoss befindet sich der Eingang zu den Ausgrabungsstätten »Der Königspalast im Mittelalter«; Passagen, rekonstruierte Hallen, eine kleine Gefängniszelle und Gegenstände des täglichen Gebrauchs illustrieren das Leben zu den Zeiten von König Matthias Corvinus (1458–1490). Im ersten Stock schließlich rundet die Ausstellung »Budapest in der Moderne« (von 1686 bis zur Gegenwart) den Gang durch fast zwei Jahrtausende der Geschichte Budas ab. *Tgl. außer Di, Jan.–März 10–16, April–Okt. 10–18, Nov., Dez. 10–17 Uhr, I., Szent György tér 2, Burgpalast Flügel E, Standseilbahn, Bus 16 (Burgbus)*

### Handels- und Gastgewerbemuseum (Kereskedelmi és Vendéglátóipari Múzeum) (102/B 3)

Der Fremdenverkehr trägt heute zehn Prozent zum Bruttoinlandsprodukt Ungarns bei. Dass man schon im 19. Jh. Gäste zu beherbergen und zu verwöhnen wusste sowie die Kunst des Verkaufens und Werbens beherrschte, zeigt seit 1966 das Handels- und Gastgewerbemuseum im Budaer Burgviertel.

Im Handelsmuseum (rechte Haushälfte) wird die Geschichte des Einzelhandels und der Verkaufswerbung illustriert, sei es mit einem Modell eines Gemüseladens, einem Schokoladen-Karamell-Automaten der Firma Stollwerck oder der ersten beweglichen Leuchtreklame für Dreher Bockbier (Dreher Bak Sor). Im Gastgewerbemuseum (in der linken Haushälfte) ist als eine der wichtigsten Attraktionen die Originalausstattung einer Budaer Konditorei von 1870 zu sehen. Eindrucksvoll ist die Auswahl von Gussformen für Oster-

---

## MARCO POLO TIPPS FÜR MUSEEN

**1 Aquincum**
Reste einer römischen Bäderstadt (Seite 34)

**2 Historisches Museum**
Stadtgeschichte fast zum Anfassen (Seite 34)

**3 Kunstgewerbemuseum**
Ödön Lechners Meisterwerk (Seite 36)

**4 Museum der Bildenden Künste**
Die Alten Meister – auf ewig jung (Seite 37)

**5 Ungarische Nationalgalerie**
Querschnitt ungarischer Bildkunst (Seite 38)

**6 Ungarisches Nationalmuseum**
Tausend Jahre Geschichte Ungarns (Seite 39)

**7 Vasarely-Museum**
Kinetismus in Óbuda (Seite 39)

**8 Völkerkundemuseum**
Alltagsleben und Bräuche der Magyaren (Seite 39)

hasen aus Schokolade, die größte misst einen halben Meter. Außerdem bezeugen Objekte, Mobiliar und Fotografien aus Budapests berühmtesten Hotels und Kaffeehäusern die Geschichte des Fremdenverkehrs und des Gastgewerbes in Budapest von 1873 bis 1930. *Di–So 10–18 Uhr, im Winter 10–16 Uhr, I., Fortuna utca 4, Bus 16 (Burgbus)*

### Jüdisches Museum (Zsidó Múzeum) (105/E–F3)

Das kleine Museum in einem Seitenflügel der Synagoge in der Dohány utca präsentiert religiöse und rituelle Gegenstände des 18. und 19. Jhs. aus Ungarn und anderen Ländern Mittel- und Osteuropas. Eine sehenswerte Fotoausstellung dokumentiert das jüdische Leben im Pester Ghetto und im Ungarn des Zweiten Weltkrieges. 1993 wurden 80 Prozent der Sammlung des Museums gestohlen; glücklicherweise tauchten die Objekte aber wenige Wochen später vollzählig wieder auf. Theodor Herzl (1860 bis 1904), der Begründer des modernen Zionismus, wurde in dem Haus geboren, das einst an der Stelle des heutigen Jüdischen Museums stand. *Mo–Fr 10–15 Uhr, So 10–13 Uhr, VII., Dohány utca 2, U-Bahn 2: Astoria*

### Kiscelli-Museum (Kiscelli Múzeum) (106/B 5)

Das 1745 im Barockstil errichtete ehemalige Trinitarier-Kloster beherbergt eine bedeutende Sammlung ungarischer Malerei von 1880 bis 1990. Zu sehen sind außerdem barocke Skulpturen, eine Druckerpresse und die Innenausstattung der Apotheke zum Goldenen Löwen. In der

*Meisterwerk des Jugendstils: das Kunstgewerbemuseum*

ehemaligen Kapelle des Klosters finden regelmäßig Wechselausstellungen mit ungarischer Gegenwartskunst statt. *Di–So 10 bis 18 Uhr, III., Kiscelli utca 108, Straßenbahn 17*

### Kunstgewerbemuseum (Iparművészeti Múzeum) (116/B 4)

★ Die überschaubare Sammlung, die auf das Jahr 1872 zurückgeht, trägt den schlichten Titel »Kunst und Handwerk«. Sie stellt Möbel, Textilien und Schmiedehandwerk, Keramik und Glas sowie kleine kunstgewerbliche Gegenstände vor. Es finden regelmäßig Wechselausstellungen statt. Das Gebäude, ein Meisterwerk der ungarischen Jugendstilarchitektur, wurde 1893–1896 von Ödön Lechner und seinem Schüler Gyula Partos geschaffen. Charakteristisch ist die Verwendung von Majolikakacheln und bunten Dachziegeln. Die frühere Kritik an der üppigen Ornamentik ist längst verstummt. *Tgl. außer Mo 10–18 Uhr, IX., Üllői út 33–37, U-Bahn 2: Ferenc körút*

## Kunsthalle (Műcsarnok) und Museum der Bildenden Künste (Szépművészeti Múzeum) (111/E 4)

Die klassizistischen Zwillingsbauten am nördlichen und südlichen Ende des Heldenplatzes sind Gemeinschaftswerke von Albert Schickedanz und Fülöp Herzog. Die Kunsthalle wurde 1895–1896 in Rekordzeit rechtzeitig zur Millenniumsfeier der ungarischen Landnahme gebaut. Heute ist die frisch renovierte Kunsthalle mit dem korinthischen Säulengang der Ort für bedeutende Wechselausstellungen der Gegenwartskunst.

Das gegenüberliegende ★ Museum der Bildenden Künste, 1906 fertig gestellt und noch nicht vollständig restauriert, beherbergt die wichtigste Sammlung nicht-ungarischer Kunst in Budapest. Von einer kleinen ägyptischen Sammlung über antike griechische und römische Kunst bis hin zu Renaissance und Moderne präsentiert das Museum ein breites Spektrum künstlerischer Epochen. Die Galerie der Alten Meister im ersten Stock verdient besondere Erwähnung, verfügt sie doch beispielsweise über die größte Sammlung spanischer Meister außerhalb des Prado. Von herausragender Bedeutung ist schließlich die umfangreiche Grafische Sammlung des Museums, zu der unter anderem Werke von Chagall, Cranach, Dürer, Picasso, Poussin, Raffael, Rembrandt, Rubens, Tiepolo gehören. Die Grafische Sammlung kann stets nur in Ausschnitten bei Sonderschauen präsentiert werden. *Tgl. außer Mo 10–17.30 Uhr (Kunsthalle bis 18 Uhr), XIV., Dózsa György utca 37 und 41, U-Bahn 1: Hősök tere*

## Landwirtschaftsmuseum (Mezőgazdasági Múzeum) (111/E 4)

Das liebevoll gestaltete und zumal für den Besuch mit Kindern geeignete Museum im barocken Flügel der Burg Vajdahunyad bietet einen Querschnitt durch die Land-, Forst- und Viehwirtschaft der Ungarn seit der Landnahme. *Di–Sa 10–16, So 10–17 Uhr, Stadtwäldchen (Városliget), Burg Vajdahunyad, U-Bahn 1: Hősök tere*

## Franz-Liszt-Museum (Liszt Ferenc Emlékmúzeum) (111/D 6)

Die kleine Sammlung in der ehemaligen Wohnung des Komponisten und Gründers der Musikakademie Franz Liszt (1811 bis 1886) umfasst Memorabilien wie die Klaviere des früh vollendeten Virtuosen. *Mo–Sa 10–18 Uhr, VI., Vörösmarty utca 35, U-Bahn 1: Vörösmarty utca*

## Museum Ludwig (102/C 5)

Grundlage dieses Museums für internationale zeitgenössische Kunst bildet die umfangreiche Schenkung des Aachener Kunstsammlers Peter Ludwig von 1989. Daneben werden Wechselausstellungen mit Werken der Gegenwartskunst gezeigt. *Tgl. außer Mo 10–18 Uhr, I., Szent György tér 2, Burgpalast Flügel A, Standseilbahn, Bus 16 (Burgbus)*

## Militärhistorisches Museum (Hadtörténeti Múzeum) (102/A 2)

〰️ Das in einer ehemaligen Kaserne untergebrachte Museum ist ein klassisches Beispiel für den Typus des nationalen Museums. Dargestellt werden die Kämpfe des ungarischen Volkes von 1848/49 über den Ersten Weltkrieg bis hin zum Volksaufstand von 1956. *Di–Sa 9–17, So 9 bis*

*18 Uhr, I., Tóth Árpád sétány 40, Bus 16 (Burgbus)*

## Petőfi-Literaturmuseum (Petőfi Irodalmi Múzeum) (105/E 4)

In dem Gebäude, zwischen 1759 und 1768 von dem barocken Baumeister Andreas Mayerhoffer errichtet und 1832 im neoklassizistischen Stil umgebaut, befindet sich Ungarns wichtigstes Literaturmuseum. Eine Dauerausstellung würdigt Leben und Werk des genialischen Dichters und Unabhängigkeitskämpfers Sándor Petőfi (1823–1849). In eigenen Räumen werden Leben und Werk der Schriftsteller Endre Ady (1867–1919) und Attila József (1905–1973) dargestellt. Zudem gibt es Wechselausstellungen, Lesungen und von Zeit zu Zeit Konzerte im Hof des Gebäudes. *Di–So 10–18 Uhr, V., Károlyi Mihály utca 16, U-Bahn 3: Ferenciek tere*

## Semmelweis-Museum für Medizingeschichte (Semmelweis Orvostörténeti Múzeum) (103/D 6)

Das Museum ist im Geburtshaus des als »Retter der Mütter« bekannten Gynäkologen Ignaz Philip Semmelweis (1818–1865) untergebracht. Semmelweis war von 1851 bis 1857 Leiter der Geburtsklinik im Sankt-Rochus-Hospital, dem ersten Krankenhaus von Pest, das Ende des 18. Jhs. an der Stelle der ehemaligen Quarantäne-Baracken entstand. Mit der Entdeckung des Erregers des tödlichen Kindbettfiebers leistete Semmelweis Bahnbrechendes auf dem Gebiet der Geburts- und Frauenheilkunde. Das Museum bietet einen Überblick über die Medizingeschichte und allerlei Sonderbares

wie einen Schrumpfkopf, Modelle von inneren Organen aus dem 18. Jh. oder Darstellungen befremdlicher Behandlungsmethoden. Außerdem ist die Innenausstattung der Heilig-Geist-Apotheke von 1786 zu sehen. *Di–So 10.30–17.30 Uhr, I., Apród utca 1–3, Straßenbahn 18*

## Ungarische Nationalgalerie (Magyar Nemzeti Galéria) (103/D 5)

★ Die wichtigste Sammlung des Landes an ungarischer Kunst ist wie das Nationalmuseum und das Militärhistorische Museum eine Schöpfung des Reformzeitalters in der ersten Hälfte des 19. Jhs. 1845 wurde die Gesellschaft zur Gründung der Nationalgalerie ins Leben gerufen, die 1846 die erste Ausstellung präsentierte. Mit dem Erwerb der Kunstsammlung des Hauses Esterházy im Jahr 1870 wurde der Grundstock für den bedeutenden und ständig wachsenden Fundus gelegt. Im Erdgeschoss werden ein mittelalterliches Lapidarium und gotische Schnitzwerke präsentiert. Im ersten Stock sind Werke der Renaissance, des Barock und vor allem des 19. Jhs. zu sehen. Dem Werk des Malers Mihály Munkácsy – der Künstler ungarndeutscher Herkunft hieß ursprünglich Michael Lieb – ist ein eigener Saal gewidmet. Munkácsy (1844–1900) arbeitete in Wien, München und Düsseldorf und lebte als gefeierter Bohemien viele Jahre in Paris. Er war der einzige ungarische Künstler des 19. Jhs., der internationalen Ruhm erlangte. *Tgl. außer Mo 10–18 Uhr, I., Dísz tér 17, Burgpalast Flügel B, C und D, Standseilbahn, Bus 16 (Burgbus)*

### Ungarisches Nationalmuseum (Magyar Nemzeti Múzeum) (105/F 4-5)

★ ✿ Nach einem Jahrzehnt Bauzeit wurde 1847 das von Mihály Pollack entworfene Ungarische Nationalmuseum eröffnet. Eine gewaltige Freitreppe führt zum Haupteingang und zu dem von acht korinthischen Säulen getragenen Portikus des wohl schönsten klassizistischen Gebäudes von Budapest hinauf. Die historische Ausstellung über die Geschichte Ungarns von 1000 bis 1990 ist das nationalpädagogische Herzstück des Museums. Die Krönungsinsignien, eine Art nationales Heiligtum, wurden im März 2000 in einer feierlichen Prozession vom Prunksaal des Museums ins Parlament verlegt. Im Januar 1978 waren die Krone Stephans des Heiligen sowie Zepter, Reichsapfel und Krönungsmantel nach mehr als dreißigjährigem Exil in Amerika heimgekehrt. In den Wirren der letzten Tage des Zweiten Weltkrieges waren die Insignien unter ungeklärten Umständen nach Deutschland gekommen, später nach Amerika verbracht und in Fort Knox aufbewahrt worden. Seit den ersten freien Wahlen 1990 schmückt die Stephanskrone mit dem berühmten schiefen Kreuz das Staatswappen der Republik Ungarn.

Der 1856 angelegte *Garten* des Nationalmuseums *(tgl. 6–20 Uhr)* ist heute ein beliebter Erholungsort. Franz Liszt und Ferenc Erkel gaben seinerzeit kostenlose Konzerte, um Mäzene für den Bau des Gartens zu gewinnen. *Tgl. außer Mo 10–18 Uhr, VIII., Múzeum körút 14–16, U-Bahn 3: Kálvin tér*

### Vasarely-Museum (107/D 5)

★ Im ehemaligen Schloss der Grafenfamilie Zichy im Stadtteil Óbuda befindet sich das Vasarely-Museum. 1982 vermachte der »Vater der Op-Art« Victor Vasarely (1903–1997) mehr als 400 seiner Werke dem ungarischen Staat. Fünf Jahre später öffnete das Vasarely-Museum seine Pforten. Den Umbau des Zichy-Schlosses hatte der 1908 in Pécs (Fünfkirchen) als Győző Vásárhelyi geborene und 1930 nach Paris emigrierte Künstler mitfinanziert. *Tgl. außer Mo 10–17 Uhr, III., Fő tér 1, HÉV: Árpád híd*

### Verkehrsmuseum (Közlekedési Múzeum) (111/F 4)

🕴✿ Das Museum am Rande des Stadtwäldchens präsentiert die Geschichte der mechanisierten und motorisierten Fortbewegung zu Wasser, zu Lande und in der Luft. Dabei erfährt der ungarische Beitrag zu dieser Entwicklung besondere Würdigung. *Tgl. außer Mo 10–18 Uhr, XIV., Városligeti körút 11, Trolleybus 72, 74*

### Völkerkundemuseum (Néprajzi Múzeum) (103/E 1)

★ Das Museum ist im ehemaligen Justizpalast untergebracht, der nach Plänen von Alajos Hauszmann 1893–1896 in einer Stilmischung aus Klassizismus und Renaissance errichtet wurde. Die ständige Sammlung, deren Ursprünge bis 1872 zurückreichen, gewährt einen guten Überblick über die Lebensbedingungen und Bräuche der Magyaren. Interessante Wechselausstellungen pflegen zusätzlich viele Besucher anzuziehen. *Tgl. außer Mo 10–18 Uhr, V., Kossuth Lajos tér 12, U-Bahn 2: Kossuth Lajos tér*

# Wohin gehen wir essen?

*Reich an Fleisch und Fett ist die ungarische Küche – aber auch an Einflüssen vieler europäischer Länder*

Wie viele Restaurants, Cafés, Bier- und Weinkneipen es in Budapest gibt, weiß niemand genau. Vielleicht sind es 5000, vielleicht mehr, vielleicht weniger. Jeden Tag kommen neue hinzu, andere werden geschlossen. Obwohl seit Jahren auch in Ungarn von gesunder Ernährung gesprochen und geschrieben wird, mache man sich keine Illusionen über die ungarische Küche. Sie ist bis heute schwer geblieben, und man wird Budapest deshalb kaum als kulinarisches Dorado feiern können. Für Vegetarier ist die Stadt eine Esswüste, in der ein lieblos zusammengestellter Beilagenteller als fleischloses Gericht verkauft wird. Grundsätzlich essen die Ungarn zu viel Fleisch und Fett. Am beliebtesten ist Schweinefleisch, das paniert gebraten oder, in Schmalz und Zwiebeln angeröstet, mit dicken Soßen verkocht wird. Gemüse, Rohkost und Salat werden dagegen oft genug als »Ziegenfutter« abgetan.

Diese verheerende Entwicklung der vergangenen drei bis vier Jahrzehnte hat mit der ungarischen Volksküche selbst nur bedingt zu tun. Denn die kannte seit Zeiten die teuren Fleischgerichte nur als Ausnahmefall. Die verschiedenen Formen des gekochten, mit Sauerrahm abgerundeten Gemüses *(főzelék),* die vielen Kartoffelgerichte *(krumpli)* und natürlich das unvergleichliche Letscho *(lecsó)* aus gedünsteten frischen Zwiebeln, Tomaten und Paprika sind Zeugnisse für eine hohe Kunst des fleischlosen oder wenigstens fleischarmen Kochens. Das frische Weißbrot mit krosser Kruste fehlt bei keinem dieser besonders im Sommer köstlichen Alltagsgerichte.

Die ungarische Küche wurde durch viele Einflüsse bereichert: italienische, türkische, österreichische, deutsche, tschechische und slowakische, serbische und kroatische. Die in vielen Varianten zubereiteten Nockerln etwa sind abgewandelte Gnocchi, die italienische Händler in der Renaissance nach Ungarn brachten.

*Budapests Restaurants, wie hier das »Múzeum«, bieten sowohl ungarische als auch internationale Küche*

# MARCO POLO TIPPS FÜR RESTAURANTS

**1 Gerbeaud**
Die Mutter aller
Konditoreien (Seite 44)

**2 New York Kávéház**
Einzig legitimer Erbe der
Budapester Kaffeehaus-
kultur (Seite 45)

**3 Cyrano**
Lifestyle-Küche an der
Váci utca (Seite 46)

**4 Fészek Művészek Klubja**
Das Gartenrestaurant ist
eine grüne Insel mitten im
Pester Grau (Seite 51)

**5 Hanna Étterem**
Koschere Garküche:
Essen mit dem Segen des
Rabbi (Seite 51)

**6 Kárpátia**
Hier wird das wirklich
ungarische Esserlebnis
geboten (Seite 48)

**7 Rivalda**
Kochkunst auf dem Burg-
berg (Seite 50)

**8 Le Jardin de Paris**
Französisch, freundlich,
frisch (Seite 48)

**9 Múzeum**
Atmosphäre und gutes
Essen seit 1885
(Seite 49)

**10 Náncsi néni vendéglője**
Volsküche mit Pfiff im
Gartenrestaurant bei
»Tante Náncsi« (Seite 49)

Den Paprika, Markenzeichen der ungarischen Küche schlechthin, dürften die Magyaren während der osmanischen Herrschaft von den Türken als Armeleutegewürz übernommen haben – man sprach vom »türkischen Pfeffer« *(török bors)*. Mitte des 19. Jhs. gelang dem Paprikapulver, angeboten in unterschiedlichen Schärfegraden, dann der Aufstieg zum universalen Würzmittel.

Viele Klassiker der ungarischen Küche ruhen auf vier Säulen: Reichlich Zwiebeln werden in Schweineschmalz angeröstet, sodann wird ebenso reichlich Paprika hinzugegeben und das jeweilige Gericht am Ende mit Sauerrahm *(tejföl)* verfeinert. Seit einigen Jahren ist vermehrt Sonnenblumenöl als bekömmlichere Fettgrundlage in Gebrauch. Auf diese Weise entstehen das Szék

ler Gulasch *(Székely gulyás),* ein Schweinegulasch mit Sauerkraut, und die mit einer Mischung aus Reis, eingeweichten Brötchen und Hackfleisch gefüllten Krautwickel *(Töltöttkáposzta)* oder Paprikaschoten *(Töltött paprika).* Auch die mit Schweinehack gefüllten Hortobágyer Pfannkuchen *(Hortobágyi palacsinta)* und das *paprikás,* ein Ragout vom Schwein, Rind oder Geflügel mit dicker Soße, werden auf die beschriebene Art zubereitet. Ebenso schmort man schließlich, jedoch meist ohne Verwendung von Sauerrahm, was unter dem eigentlich falschen Namen Gulasch weltweit Verbreitung gefunden hat: das *pörkölt.* Pörkölt wird in der Regel aus Rindfleischwürfeln bereitet, aber auch vom Schwein, Kalb oder Geflügel wird das üblicherweise mit Nockerln *(galuska)* ser vierte Gericht gebrutzelt. *Gulyás* ist in Ungarn dagegen eine Suppe *(gulyás leves)* aus Rindfleischstücken, Karotten, Sellerie, Kartoffeln oder kleinen Nockerln *(tarhonya)* – besonders beliebt als Kesselgulasch *(bogrács gulyás)*, der über offenem Feuer stundenlang geköchelt wird.

Unter den Suppen gibt es zwei weitere Klassiker: Die Hühnersuppe nach Neuhauser Art *(Ujházi tyúkhúsleves)* ist eine klare Suppe mit großen Hühnerfleisch- und Gemüsestücken sowie feinen Nudeln. Die Haltung zur Fischsuppe *(halászlé)*, die aus verschiedenen Süßwasserfischen, vor allem aber aus Karpfen zubereitet wird, ist eine Glaubensfrage. Entweder man liebt die intensiv nach dem meist fetten Flussfisch schmeckende, vom vielen Paprika tiefrote und hoffentlich teuflisch scharfe Brühe mit dem Satz von Rogen – oder man wendet sich mit Grausen. Im Allgemeinen wird in Ungarn aber keineswegs so scharf gekocht, wie es das Klischee vom feurigen Magyaren mit dem dicken Schnauz will, dessen Blut vom vielen Paprika stetig siedet.

Ungarns Flüsse und Seen sind reich an Fischen. Beliebt sind vor allem der Zander *(fogas)* aus dem Plattensee sowie Karpfen *(ponty)* und Wels *(harcsa)* aus den Flüssen. Leider werden viele Fischgerichte durch die offenbar unvermeidliche Panade unnötig schwer. Bei Wildgerichten wird man, die Frische des Wildbrets vorausgesetzt, in der Regel von der Zubereitung nicht enttäuscht. Ohne Nachspeise *(édesség)* und Kaffee ist kein ungarisches Mittag- oder Abendessen vollständig. Türkische und öster-

reichische Einflüsse sind bei Kuchen und Desserts unverkennbar, vom Blätterteigstrudel *(rétes)* mit allerlei Füllungen über die süßen Pfannkuchen *(palacsinta)* bis hin zu den Somlauer Nockerln *(somlói galuska)*, einer Art ungarischem Tiramisu aus Biskuitteig, Sahne, Marmelade, Rosinen und Schokoladensoße. Der traditionelle doppelte Mokka *(dupla kávé)* wird mehr und mehr von den international üblichen Kaffeevariationen wie Espresso, Milchkaffee *(tejes kávé)* und Cappuccino verdrängt.

Eine erfreuliche Entwicklung haben seit Mitte der Neunzigerjahre Ungarns Weine genommen. Die einstige Massenproduktion für den anspruchslosen östlichen Markt ist einem qualitätsbewussten Anbau gewichen. Investoren aus dem westlichen Ausland haben auf ehemaligen Staatsgütern neue Reben gezogen, aber auch private Weinbauern haben die traditionellen Anbaugebiete wieder belebt. Diese befinden sich in den Hügeln von *Villány* südlich und bei *Szekszárd* nördlich von Pécs (Fünfkirchen), rund um den *Plattensee (Balaton)*, bei *Sopron (Ödenburg)* im Westen

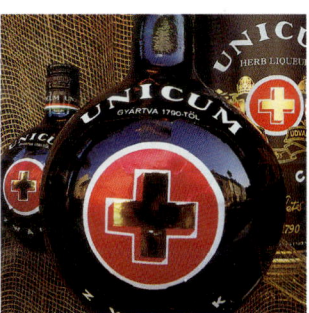

*Apéritif und wundertätige Medizin: der Kräuterlikör »Unicum«*

und bei *Eger (Erlau)* im Norden des Landes sowie vor allem im Osten um die berühmte Lage von *Tokaj.* Man kann die meisten trockenen *(száraz)* Flaschenweine getrost empfehlen – weiße, rote wie auch Roséweine. Weil sich die Ungarn trotz grassierendem Bierkonsum noch immer als Volk von Weintrinkern verstehen, ist das Anstoßen mit Biergläsern verpönt. Als Aperitif ist ein trockener Tokajer Ausbruch *(száraz tokaji aszú)* unübertroffen, aber auch der Kräuterlikör *Unicum* ist zu empfehlen. Als Digestif kommen eigentlich nur die ausgezeichneten klaren Obstschnäpse *(pálinka)* in Frage: Am besten ist der geradezu gaumenweiche Aprikosenschnaps *(barack pálinka)* aus Kecskemét, gefolgt vom Birnenschnaps *(körte pálinka).*

In vielen Restaurants ist die so genannte Zigeunermusik unvermeidlich. Diese Musik, bei der ein erster Geiger *(prímás)* ein kleines Kammerorchester mit Geige, Kontrabass, Klarinette und Zimbel führt, ist eine Erfindung des 19. Jhs. und hat mit der wirklichen Volksmusik der Ungarn und der ungarischen Zigeuner nur wenig zu tun. Man kann diese gleichsam überzuckerte Musik mögen oder auch nicht – was in jedem Fall bei der Wahl des Tisches in der Nähe beziehungsweise fern der Kapelle berücksichtigt werden muss.

Leider bedarf es noch eines warnenden Schlusswortes. Immer wieder haben ausländische Besucher Budapests Anlass, über »Missverständnisse« bei Rechnungen in Restaurants zu klagen. Deshalb empfiehlt es sich stets, die Speise- und die Weinkarte zu verlangen, Preise und Mengen-

angaben bei Getränken genau zu studieren. Bestellen Sie keine vom Kellner besonders angepriesenen Angebote des Tages oder des Küchenchefs, ohne vorher den Preis erfragt zu haben. Bei Zweifeln am Gesamtbetrag verlangen Sie eine detaillierte Aufstellung des Verzehrs. Nehmen Sie die Rechnung immer mit, weil sonst spätere Reklamationen aussichtslos sind.

## CAFÉS

### Café im Hotel Astoria (105/E 4)

Hier behalten die Damen aus den Straßen der Umgebung beim Kartenspiel am Wochenende den Hut auf. Noch unverfälschte Pester Kaffeehausatmosphäre im Empirestil. *Tgl. 7–23 Uhr, Hotel Astoria, V., Kossuth Lajos utca 19, U-Bahn 2: Astoria*

### Centrál Kávéház (105/D 5)

Es kam fast einem Wunder gleich, als sich im Frühjahr 2000 ein großer Spielsalon in das traditionsreiche Café »Centrál« zurückverwandelte. Jetzt wird wieder echte Kaffeehaus- und Stadtrestaurantatmosphäre geboten. *So–Do 8–24, Fr, Sa 8–1 Uhr, V., Károlyi Mihály utca 9, U-Bahn 3: Ferenciek tere*

### Gerbeaud (104/C 3)

★ Im Sommer ist die berühmteste aller Budapester Café-Konditoreien von Touristen überschwemmt, der Service erinnert an sozialistische Zeiten. Wegen der großen Kuchenauswahl ist das 1884 von Emil Gerbeaud eröffnete Café trotzdem einen Besuch wert, auch wenn die Qualität des Gebäcks trotz mancher Verbesserungen in jüngster Zeit

*Das Café Miró – ganz im Design des spanischen Künstlers*

noch nicht an die Gründerjahre heranreichen dürfte. Mit Terrasse. *Tgl. 9–21 Uhr, V., Vörösmarty tér 7, U-Bahn 1: Vörösmarty tér*

### Lukács (111/D 5)
Nach einer behutsamen Renovierung der denkmalgeschützten Inneneinrichtung wurde das Lukács 1998 wieder ganz das alte. *Mo–Fr 9–20, Sa, So 10–20 Uhr, VI., Andrássy út 70, U-Bahn 1: Vörösmarty utca*

### Miró (102/B 3)
Ein beliebter Treffpunkt junger Leute auf dem Burgberg, im Design des spanischen Malers Joan Miró gehalten. *Tgl. 9–24 Uhr, I., Úri utca 30, Tel. 375 54 58, Bus 16 (Burgbus)*

### Művész (116/A 1)
Das Kaffeehaus gegenüber der Oper hat eine Terrasse und wahrscheinlich die größte Künstlerdichte in Budapest. *Tgl. 8–24 Uhr, VI., Andrássy út 29, U-Bahn 1: Opera*

### New York Kávéház (116/B 2)
★ Ende des 19. Jhs. gab es in Budapest mehr als 400 Kaffeehäuser, von denen viele, wie das 1894 eröffnete New York, Treffpunkt von Intellektuellen und Künstlern waren. Die Bedeutung der Kaffeehäuser für die Entwicklung der intellektuellen Kulturen nach der Jahrhundertwende und vor allem in den Zwanziger- und Dreißigerjahren kann kaum überschätzt werden. Der Dichter Dezső Kosztolányi soll einmal gesagt haben: »My coffeehouse is my castle«. Nach dem Zweiten Weltkrieg ging die Kaffeehauskultur unter. Allenfalls das New York, wo sich noch heute Zeitschriftenredakteure zu Sitzungen treffen, konnte etwas von dieser Tradition bewahren. Die überladene Innenausstattung macht das Treiben im New York zur Theateraufführung, in der die Besucher zugleich Mitwirkende und Zuschauer sind. *Tgl. 9–22 Uhr, VII., Erzsébet körút 9–11, U-Bahn 2: Blaha Lujza tér*

**Ruszwurm** (102/B 3)
Kleine, feine Konditorei, die das Biedermeier-Interieur seit ihrer Gründung 1824 erhalten hat. Im Sommer Eis aus eigener Herstellung. *Tgl. 10–24 Uhr, I., Szenthá-romság utca 3, Bus 16 (Burgbus)*

**RESTAURANTS
GEHOBENES PREISNIVEAU**

*Essen für eine Person einschließlich Getränk ca. 15 Euro*

**Belcanto** (105/E 1)
Das Restaurant mit dem barocken Interieur liegt etwa 50 Meter von der Oper entfernt. Es macht seiner Lage und seinem Namen alle Ehre, denn die Kellner singen Arien. Unterstützt werden sie von Sängern aus der Oper, die den Abend im Belcanto beschließen. *Tgl. 18–24 Uhr, VI., Dalszínház utca 8, Tel. 269 31 01 und 269 27 86, U-Bahn 1: Opera*

**Chez Daniel** (111/D 5)
Vielleicht das beste französische Restaurant Budapests. Besonders empfehlenswert sind die Tagesangebote aus frischen Zutaten direkt von den Gemüsemärkten der Stadt. Das Restaurant hat einen Garten. *Tgl. 12–22.30 Uhr, VI., Szív utca 23, Tel. 302 40 39, U-Bahn 1: Kodály körönd*

**Cyrano** (104/C 3)
★ Das einzige empfehlenswerte Restaurant nahe der Váci utca. Experimentierfreudige internationale Küche, Terrasse. *Tgl. 11 bis 24 Uhr, V., Kristóf tér 7–8, Tel. 266 30 96, U-Bahn 1: Vörösmarty tér*

**Légrádi antique** (105/D 3)
Das kleine, über einem Antiquitätengeschäft gelegene Res-

taurant bietet ein begrenztes, aber ausgezeichnetes Menü hoher ungarischer Kochkunst. *Tgl. 12–15 und 19–24 Uhr, V., Bárczy István utca 3–5, Tel. 266 49 93, U-Bahn 1, 2, 3: Deák tér*

**Légrádi Testvérek** (115/E 2)
Eines der ältesten Budapester Privatrestaurants von Rang, gegründet und geführt von den inzwischen etwas betagten Brüdern Légrádi. Die Atmosphäre des kleinen Tiefparterre-Restaurants in einer engen Innenstadtstraße liegt zwischen Gemäldegalerie und bürgerlichem Wohnzimmer. Der Service ist vollendet höflich, die Küche gediegen ungarisch, das Porzellan nahezu aristokratisch. *Mo–Sa 18–24 Uhr, V., Magyar utca 23, Tel. 318 68 04, U-Bahn 3: Kálvin tér*

**Mágnáskert Étterem** (108/B 1)
Das vor allem auf die in der Umgebung lebende Klientel von Ausländern und Diplomaten zugeschnittene Restaurant mit Garten hält auf dem Teller nicht immer die etwas großspurigen Versprechen des Ambientes. *Tgl. 12–24 Uhr, II., Csatárka utca 58, Tel. 325 99 72, Bus 29*

**Szindbád** (110/B 5)
Beliebter Treffpunkt für Geschäftsessen und eher formelle Einladungen. Das Angebot an Speisen internationaler und ungarischer Küche ist wohltuend beschränkt – und eben deshalb eigentlich jedes Gericht empfehlenswert. Ausgezeichnete Desserts, umfangreiche Weinkarte. *Mo–Fr 12–15 und 18–24 Uhr, Sa, So 17–24 Uhr, V., Markó utca 33, Tel. 332 29 66 und 332 27 49, U-Bahn 3: Nyugati pályaudvar*

# Die Gourmettempel von Budapest

## Corvinus Restaurant im Hotel Kempinski (105/D 2)

Das erste Hotel am Platz hat naturgemäß auch ein Gourmetrestaurant von internationalem Standard. Wochentags gibt es einen erschwinglichen Businesslunch. *Hauptgerichte ab 15 Euro. Mo–Fr 12–15 und 18–24 Uhr, Sa 18–24 Uhr, V., Erzsébet tér 7–8, Tel. 429 37 77, U-Bahn 1, 2, 3: Deák tér*

## Fausto's (105/F 3)

Die beste italienische Küche aus den besten ungarischen Zutaten in Budapest. *Hauptgerichte ab 13 Euro. Mo–Sa 12–15 und 19–23 Uhr, VII., Dohány utca 5, Tel. 269 68 06, U-Bahn 2: Astoria*

## Gundel (111/E 4)

Gegründet 1894 von Ferenc Wampetics, begann 1910 erst mit der Übernahme durch den »Vater« der modernen ungarischen Kochkunst, Károly Gundel (1883–1956), das goldene Zeitalter des Gundel. Gemeinsam mit Ronald Lauder erweckte der ungarisch-amerikanische Gastronom George Lang 1992 das Restaurant aus seinem sozialistischen Dornröschenschlaf. Wer sein Mahl ohne »Gundel-Palatschinken« – Pfannkuchen mit Nuss-Rosinen-Füllung – beschließt, versäumt das Beste. Mit Garten. *Hauptgerichte 15–20 Euro. Tgl. 12–16 und 19–24 Uhr, XIV., Állatkerti út 2, Tel. 322 82 95, U-Bahn 1: Hősök tere*

## Kis Buda Gyöngye Étterem (106/C 6)

In der Atmosphäre eines vergrößerten Wohnzimmers, mit dezenter Klaviermusik. Reservierung an Abenden erforderlich. Kleiner Garten. *Hauptgerichte 12–15 Euro. Tgl. 12–24 Uhr, III., Kenyeres utca 34, Tel. 368 64 02, Straßenbahn 17, Bus 60*

## Vadrózsa Étterem (109/D 3)

Elegantes Restaurant mit Garten in einer Villa auf dem noblen Rosenhügel (rózsadomb). Statt einer Karte präsentieren die Kellner das frische Tagesangebot auf einer Schauplatte. *Hauptgerichte ab 15 Euro. Tgl. 12–15 und 19–24 Uhr, II., Pentelei Molnár utca 15, Tel. 326 58 17, Bus 11, 91*

## RESTAURANTS MITTLERES PREISNIVEAU

*Essen für eine Person einschließlich Getränk ca. 13 Euro*

## Acapulco (116/B 1)

Sehr gute mittel- und lateinamerikanische Küche, ebenso zuverlässig gut wird Tex-Mex zubereitet. *Tgl. 11.30–23 Uhr, VII., Erzsébet körut 39, Tel. 322 60 14, Straßenbahn 4, 6*

## Aranymókus (113/E 2)

Obwohl die Speisekarte verdächtig umfangreich ist, wird man zumal bei den Wildgerichten nicht enttäuscht. Die Fasanensuppe mit Wachtelei und einem Schuss

Cognac ist unübertroffen. Mit Garten. *Tgl. 11–24 Uhr, XII., Istenhegyi út 25 am Orbán tér, Tel. 355 67 28, Bus 21, 102, 112*

## Bagolyvár (111/E 4)
Eine strenge »Maîtresse d'hôtel« wacht über Küche, Gastraum und Garten, in denen ausschließlich Frauen arbeiten. Ungarische Hausfrauenküche auf hohem Niveau, stets frisch und unprätentiös serviert. *Tgl. 12–23 Uhr, XIV., Állatkerti út 2, Tel. 322 82 95, U-Bahn 1: Hősök tere*

## Biarritz (103/E 1)
Moderne und innovationsfreudige Küche in unmittelbarer Nähe des Parlaments und des Abgeordnetenhauses. Beliebter Treffpunkt von Abgeordneten auf dem Weg vom und ins Parlament. Mit Terrasse. *Tgl. 11–23 Uhr, V., Kossuth Lajos tér 18 (Ecke Szalay utca),Tel. 311 44 13, U-Bahn 2: Kossuth Lajos tér*

## Carmel Pince (105/F 2)
Zwar kein koscheres, aber ein unverkennbar jüdisches Restaurant in unmittelbarer Nachbarschaft der Synagoge der orthodoxen Gemeinde. *Tgl. 12–23 Uhr, VII., Dob utca (Eingang über Kazinczy utca), Tel. 322 18 34 und 342 45 84, U-Bahn 2: Astoria*

## Dionysos (105/D 5)
Griechische Küche direkt am Donauufer in authentischer Atmosphäre eines Hafenrestaurants am Ägäischen Meer. *Tgl. 12 bis 24 Uhr, V., Belgrád rakpart 16, Tel. 318 12 22, Straßenbahn 2*

## Fatál (105/D 5)
Der Name des Restaurants hat nichts Fatales, er bedeutet auf Deutsch einfach »Holzteller«. Das Angebot besteht in erster Linie aus traditioneller ungarischer Küche in zuverlässig guter Zubereitung. *Tgl. 11.30–2 Uhr, V., Váci utca 67 (Eingang über Pintér utca), Tel. 266 26 07, Straßenbahn 2, 47, 49*

## Fregatt (105/D 5)
Beliebter Treffpunkt anglophoner Ausländer, mit ungarischer Küche von einfach bis gediegen. *Mo–Fr 15–1 Uhr, Sa, So, 17–1 Uhr, V., Molnár utca 26, Tel. 318 99 97, Straßenbahn 2, 47, 49*

## Hong Kong Pearlgarden (110/A 4)
Chinarestaurant am Budaer Brückenkopf der Magaretenbrücke. *Mo–Fr 12–14.30 und 19–23.30, Sa, So 12–23.30 Uhr, II., Margit körút 2, Tel. 212 31 31, Straßenbahn 4,6*

## Kárpátia (105/E 4)
★ Ungarisches Esserlebnis in reich bemaltem Interieur. Das Restaurant hat einen großen Garten. *Tgl. 11–23 Uhr, V., Károlyi Mihály utca 4–8, Tel. 317 35 96, U-Bahn 3: Ferenciek tere*

## Kéhli (107/D 6)
Wie das Kárpátia ein Wallfahrtsort für Liebhaber ungarischer Küche. Wild- und Fischspezialitäten. *Mo–Fr 17–24, Sa, So 12 bis 24 Uhr, III., Mókus utca 22, Tel. 250 42 41, HÉV: Árpád híd*

## Le Jardin de Paris (102/C 2)
★ Französisches Flair in einem Kellergewölbe. Das wechselnde Menü enthält garantiert frische Zutaten, der Service ist stets freundlich. Das benachbarte Gartencafé ist an Sommertagen eine Insel der Ruhe. *Tgl. 12–14 und 19–24 Uhr, I., Fő utca 20, Tel. 201 00 47, U-Bahn 2: Batthyány tér*

*Reiche Innendekoration und großer Garten: das »Kárpátia«*

### Marquis de Salade (110/B 6)

Das Restaurant bietet eine große Auswahl an Salaten, dazu Steaks und Gerichte aus Italien, China, Russland, Nordafrika und Bangladesh. *Tgl. 12–24 Uhr, VI., Hajós utca 34, Tel. 302 40 86, U-Bahn 3: Arany János utca*

### Mátyás Pince (105/D 5)

Unmittelbar am Pester Brückenkopf der Elisabethbrücke gelegen, ist der »Matthiaskeller« seit vielen Jahren eines der beliebtesten Restaurants für Reisegruppen. In dem großen, gewölbten Raum herrscht die umtriebige Atmosphäre einer Bahnhofshalle. Speisen und Musik erfüllen alle Kriterien, um als »typisch ungarisch« gelten zu können. Die Zigeunermusik ist mit die beste in Budapest. *Tgl. 11–1 Uhr, V., Március 15. tér 7, Tel. 318 16 93, U-Bahn 3: Ferenciek tere*

### Mekong (116/C 2)

Hier wird thailändische und vietnamesische Küche serviert. *Tgl.* 12–16 und 18–23 Uhr, VII., Rózsa utca 39, Tel. 351 56 49, U-Bahn 2: Keleti pályaudvar*

### Művészinas (110/B 5)

Ungarische und internationale Küche in Bistro-Atmosphäre. *Tgl. 12–24 Uhr, VI., Bajcsy-Zsilinszky út 9, Tel. 268 14 39, Straßenbahn 2, 4*

### Múzeum (105/F 4)

★ ❂ Wegen der hohen Decke Atmosphäre eines Bahnhof-Wartesaals, nur gediegener. Gute Auswahl an ungarischer und internationaler Küche. *Mo–Sa 12–1 Uhr, VIII., Múzeum körút 12, Tel. 338 42 21, U-Bahn 3: Kálvin tér*

### Náncsi néni vendéglője (O)

★ ❂ Hübsches Gartenlokal im Budaer Grünbezirk Máriaremete. Schwäbisch-ungarische Volksküche der »Tante Náncsi« mit Pfiff, teilweise sogar Raffinesse. Großer, schattiger Garten mit Kinderspielecke. *Tgl. 12–23 Uhr, II., Ördögárok utca 80, Tel. 397 27 42, ab Moszkva tér mit Straßenbahn 56 oder Schnellbus 56 E bis Endstation Hüvösvölgy, von dort Bus 57 oder 157 bis Nagyrét utca*

### Okay Italia (110/B 5)

Die beiden Restaurants beim Westbahnhof sind die beste Wahl, wenn gute italienische Küche zu moderaten Preisen gefragt ist. Tadellose Pizzas, Pasta und Antipasti. Mit Terrasse. *Tgl. 12–24 Uhr, XIII., Szent István körút 20, Tel. 331 69 90, und V., Nyugati tér 6, Tel. 332 69 60, U-Bahn 3: Nyugati pályaudvar*

### Remíz (108/A 3)

Vor allem in der warmen Jahreszeit wegen des großen schattigen Gartens mit dem brutzelnden Grill sehr beliebt bei ausländischen Geschäftsleuten und deren Besuchern. Die üppigen Grillgerichte werden auf Holztellern mit reichlich Salat und Beilagen serviert. *Tgl. 9–1 Uhr, II., Budakeszi út 5, Tel. 275 13 96, Bus 22, 16, 158*

### Rivalda (102/C 4)

★ Auf dem Burgberg, in historischer Umgebung, hat sich dieses neue Restaurant mit gediegenem Interieur gleich neben dem Burgtheater (Várszínház) rasch als wichtige Adresse gehobener Kochkunst etabliert. Schöner Innenhof. *Tgl. 11.30–23.30 Uhr, I., Színház utca 5–9, Tel. 489 02 36, Bus 16 (Burgbus)*

### Shalimar (105/F 1)

Dass die beste indische Küche Budapests in ziemlich ungarischem Ambiente von typisch ungarischem Personal serviert wird, mag verwirren. Der Koch und seine Künste sind aber so unverkennbar indisch, dass das Shalimar auch den in Budapest le-

benden Indern hoch geschätzt wird. *Tgl. 12–16 und 18–24 Uhr, VII., Dob utca 50, Tel. 267 06 62, Straßenbahn 4, 6*

### Sir Lancelot (110/C 2)

Gewaltige Portionen deftiger Küche in mittelalterlichem Ambiente, zu dem auch dezente Renaissancemusik gehört. Tischreservierung erforderlich. *Tgl. 12 bis 1 Uhr, VI., Podmaniczky utca 14, Tel. 302 44 56, U-Bahn 3: Nyugati pályaudvar*

### Sushi An (104/C 2)

Budapests erste und noch immer führende Sushi-Bar im traditionellen Stil. *Tgl. 12–15.30 und 17–23 Uhr, V., Harmincad utca 4, Tel. 317 42 39, U-Bahn 1: Vörösmarty tér, Zweigstelle im Hilton Hotel*

### Új Sipos Halászkert (107/D 5)

Das Restaurant, im Herzen der Altstadt von Óbuda und mit barockem Ambiente, ist vor allem für seine ausgezeichnete Fischsuppe *(halászlé)* bekannt. *Tgl. 12 bis 23.30 Uhr, III., Fő tér 6, Tel. 388 87 45, HÉV: Árpád híd*

## RESTAURANTS GÜNSTIGES PREISNIVEAU

*Essen für eine Person einschließlich Getränk ca. 8 Euro*

### Ezüst toll (111/D 5)

Im Haus des Ungarischen Journalistenverbandes gibt es natürlich auch ein Restaurant. Es bietet ungarische Küche zu Preisen, die auch aus den chronisch unterversorgten Geldbörsen der Journalisten bezahlt werden können. Mit Garten. *Tgl. 11.30–23 Uhr, VII., Kertész utca 36, Tel. 322 16 39, U-Bahn 1: Bajza utca*

### Falafel (110/C 6)

Das kleine Restaurant hält genau, was sein Name verspricht. Dazu eine große Auswahl an Salaten. Gerichte auch zum Mitnehmen. *Mo–Fr 10–20, Sa 10–18 Uhr, VI., Paulay Ede utca 53, kein Tel., U-Bahn 1: Oktogon*

### Fészek Művészek Klubja (116/B 2)

★ ☻ Das Restaurant des Künstlerklubs, ein wenig verborgen in einem abgerundeten Eckhaus gelegen, steht auch Nichtmitgliedern offen. Die Auswahl an Gerichten ist enorm, die Rentner der Umgebung wählen das günstige Tagesmenü. Im Sommer ist allein der Garten mit seinen gewaltigen Kastanienbäumen den Besuch wert. *Tgl. 12–1 Uhr, VII., Dob utca 55 (Ecke Kertész utca), Tel. 322 60 43, Straßenbahn 6*

### Hanna Étterem (105/F 2)

★ Koschere Garküche mit täglich wechselndem Menü. Der Rabbi nimmt sein Mittagessen oft mit Ungarisch sprechenden Reisegruppen aus Israel ein. *So bis Do 7–15.30, Fr 7–22, Sa 11–15.30 Uhr, VII., Dob utca 35 (im Hinterhof), kein Tel., U-Bahn 1, 2, 3: Deák tér*

### Kádár Étkezde (105/F 1)

☻ Garküche an der Markthalle des belebten Klauzál-Platzes. Täglich wechselndes Menü einfacher Volksküche mit vor allem jüdischen Spezialitäten. Liebevoller Service, wunderbare Desserts, extrem niedrige Preise. *Di–So 11–15 Uhr, VII., Klauzál tér 10, kein Tel., Trolleybus 74*

### Kulacs (116/B 2)

Hier soll 1927 László Jávor das Lied »Szomorú Vasárnap« (Trauriger Sonntag) geschrieben ha-

ben, das als »Cloudy Sunday«, gesungen von Billie Holiday, zu einem großen Hit werden sollte. Schnörkellose ungarische Küche, an Abenden dezente Piano- und Zigeunermusik. *Tgl. 10–24 Uhr, VII., Osvát utca 11, Tel. 352 17 34, U-Bahn 2: Blaha Lujza tér*

### Marxim (109/D 5)

⚘ Die Attraktion ist das Interieur aus kommunistischem Kitsch, das Menü bietet Gerichte, die klassenkämpferische Namen tragen. *Mo–Fr 11–1, So 18–1 Uhr, II., Kisrókus utca 23, Tel. 315 50 36, Straßenbahn 4, 6*

### Mérleg Vendéglő (103/F 4)

Beliebtes Mittagsrestaurant im Herzen der Innenstadt. Das wechselnde Tagesmenü ist immer die richtige Wahl. *Tgl. 11 bis 23 Uhr, V., Mérleg utca 6, Tel. 317 59 10, Straßenbahn 2, Bus 15*

### Művész (110/B 4)

Die Portionen, zumal die Suppe, sind üppig und mit Sorgfalt zubereitet. Ungarische Küche mit phantasievollen Geflügelgerichten. *Mo–Sa 11–23 Uhr, XIII., Vígszinház utca 5, Tel. 339 80 08, U-Bahn 3: Nyugati pályaudvar*

### Palacsinta porta (110/C 6)

Kleine Auswahl an Suppen und Mittagsgerichten, große Auswahl an *palacsinta* (Pfannkuchen). *Mo bis Sa 11–21 Uhr, VI., Liszt Ferenc tér 3, kein Tel., U-Bahn 1: Oktogon*

### Semiramis (110/B 5)

Kleines Restaurant mit syrischem Koch, gute Auswahl mittelöstlicher Gerichte zu günstigen Preisen. *Mo–Fr 12–21 Uhr, V., Alkotmány utca 20, Tel. 311 76 27, U-Bahn 3: Nyugati pályaudvar*

# Shopping mit Pfiff

*Vom Billigangebot im Kaufhaus
bis zu exklusiver Mode bietet
die Einkaufsstadt Budapest fast alles*

In Budapest sind die großen internationalen Modeboutiquen, Schuhgeschäfte, Kosmetikketten und Parfümerien seit langem fest verankert. Den nötigen Umsatz verdanken die luxuriösen Geschäfte nicht nur der Kaufkraft der Touristen aus dem Westen, sondern auch dem Binnenkonsum der wachsenden Mittelschicht in Ungarn selbst. Die mondäne *Váci utca* ist die Königin der Budapester Einkaufsstraßen. In der Fußgängerzone zwischen *Vörösmarty tér* und *Szabad Sajtó út* findet man die Filialen der internationalen Fashionketten und Modedesigner ebenso wie Leder- und Schuhgeschäfte, Läden für Sport und Freizeit, Kosmetik- und Beauty-Salons.

Ein besonderes Flair hat der erst 1998 zur Fußgängerzone umgestaltete südliche Abschnitt der Váci utca bewahrt (von *Szabad Sajtó út* bis *Fővám tér*). Bröckelnde Jugendstilfassaden und renovierte klassizistische Wohnhäuser, hässliche Mietskasernen aus den Sechzigerjahren und sündhaft teure Modeboutiquen, exklusive Antiquitäten und ein Fachgeschäft für Knöpfe mit besonderem Service zum Annähen derselben – hier ist benachbart, was für hundert Jahre Budapester Leben steht.

Der pulsierende *Große Ring (Nagykörút)* zwischen Margareten- und Petőfi-Brücke ist weniger exklusiv und auch nicht so teuer wie der nördliche Abschnitt der Váci utca. Man findet auf dem 4,5 Kilometer langen Ring ungezählte große und kleine Geschäfte, und zudem ist fast jeder Hinterhof eine Fundgrube voll winziger und manchmal auch skurriler Läden. Jüngste Errungenschaft der Budapester Einkaufskultur schließlich sind die dem Vorbild amerikanischer Malls nachempfundenen Einkaufs- und Freizeitzentren. Ein halbes Dutzend gibt es davon inzwischen, einige weitere sind im Bau, obwohl nach Ansicht von Stadtplanern schon eine Übersättigung zu verzeichnen ist.

Die Ladenöffnungszeiten unterliegen in Ungarn keinen gesetzlichen Einschränkungen. In der Regel sind Geschäfte und Galerien Mo–Fr von 10 bis 18, Sa von 10 bis 13 oder 14 Uhr geöffnet. Lebensmittelgeschäfte öffnen im Allgemeinen früher und schließen später. Vielerorts kann

*Fülle der Formen und Farben:
phantasievoll bemalte Keramik*

53

man Lebensmittel auch sonntags kaufen, so haben kleine Geschäfte und die Supermärkte in den Malls geöffnet. Am *Westbahnhof (Nyugati pályaudvar)* gibt es einen rund um die Uhr geöffneten Supermarkt. Bargeldlose Zahlung mit den üblichen Kreditkarten ist fast überall möglich.

Als Souvenirs bieten sich die klassischen ungarischen Genuss- und Lebensmittel an. Eine Stange der harten Wintersalami *(téliszalámi)* oder eine Dose der berühmten ungarischen Gänseleber *(libamaj blokk)* bekommt man in fast jedem Lebensmittelgeschäft, auf den Wochenmärkten oder beim Delikatessenhändler. Der bittere Kräuterlikör *Unicum* ist nach Überzeugung der Ungarn kein alkoholisches Getränk, sondern eine wundertätige Medizin. Eine bauchige Flasche Unicum ist ein besonderes Mitbring-

sel, ebenso wie der klare und zugleich milde Aprikosenschnaps *(barack pálinka),* am besten ist der aus Kecskemét. Außerdem sind Stickereien und Spitzen, Blusen und Kleider aus den Werkstätten der Blaufärber sowie Herender, Zsolnay- oder Hollóháza-Porzellan empfehlenswert. Die beste Adresse zum Kauf von Souvenirs dieser Art ist die *Zentrale Markthalle* in *Fővám tér.* Zudem lohnt sich ein Besuch der vielen Galerien, die auf dem Burgberg, in der *Váci utca* (vor allem südlicher Abschnitt) und im traditionellen Antiquitätenviertel um die *Falk Miksa utca* nahe dem Parlament konzentriert sind. In den Jahren seit der Wende von 1989 hat sich in Budapest eine wache Szene von Kunsthändlern, Galeristen und Kunstsammlern entwickelt. Deren Wurzeln liegen schon in den Siebziger- und Achtzigerjah-

## MARCO POLO TIPPS FÜRS SHOPPING

**1 BÁV Kommissions-warenhäuser**
Altes und Wertvolles »im Auftrag« (Seite 55)

**2 Centrum Kaufhaus Corvin**
Abgesang auf sozialistische Kaufhauskultur (Seite 56)

**3 Csók István Galéria**
Skulpturen, Schmuck, Silberzeug (Seite 55)

**4 Flohmarkt »Ecseri piac«**
Vom Schund bis zum Schnäppchen (Seite 56)

**5 Herender Porzellan**
Ungarns feinstes Porzellan (Seite 59)

**6 Központi Antiquárium**
Bücher, Noten und Stiche (Seite 56)

**7 West End City Center**
Mitteleuropas größtes Einkaufszentrum (Seite 56)

**8 V-50 Design Art Studio**
Mutiges Modedesign für jeden Geldbeutel (Seite 58)

**9 Zentrale Markthalle**
Paprika und Salami unter Stahl und Glas (Seite 58)

**10 Zábrák Schuhe**
Handgearbeitete Schuhe fürs Leben (Seite 59)

ren, als Staat und Partei ihren Zugriff auf die Kunst lockerten – und diese ihre neuen Freiräume zu nutzen wusste.

## ANTIQUITÄTEN/GALERIEN

### BÁV (Bizományi Aruház Vállalat)

★ ☯ In den Dutzenden Zweigstellen der Kommissions-Warenhauskette BÁV gibt es Antiquitäten aller Art, meist aus dem 18. und 19.Jh., mitunter findet man auch Jugendstil und Art déco. Die größten Filialen: *V., Bécsi utca 1* (**105/D 3**, Schmuck, Gemälde, Tafelsilber, Bilderrahmen) und *Vörösmarty tér 3* (**104/C 3**, Edelsteine, Schmuck), beide *U-Bahn 1: Vörösmarty tér; V., Szent István körút 3* (**110/B 4**, Möbel, Porzellan, Gemälde), *Straßenbahn 6; V., Ferenciek tere 5* (**105/D 4**, Teppiche, Orientschmuck), *U-Bahn 2: Ferenciek tere; V., Kossuth Lajos utca 1–3* (**105/E 4**, Möbel, Porzellan, Gemälde), *U-Bahn 2: Astoria; I., Hess András tér 1* (**102/B 3**, Geschenkartikel), *Bus 16 (Burgbus)*

### Belvárosi Aukciósház (Innerstädtisches Auktionshaus) (105/D 4)

Die ganze Breite des Angebots von Kunstgegenständen. Jeden Montag 17 Uhr Auktion. *V., Váci utca 36, U-Bahn 3: Ferenciek tere*

### Blitz Galéria (110/B 5)

Vor allem Kunst des 20. Jhs., große Jahresauktionen im April und November. *V., Falk Miksa utca 30, Straßenbahn 2, 4, 6*

### Csók István Galéria (105/D 4)

★ Umfangreiche Auswahl an alten und zeitgenössischen Gemälden, Stichen und Skulpturen sowie Schmuck, Keramik, Möbel

und Porzellan. *V., Váci utca 5, U-Bahn 3: Ferenciek tere*

### Kieselbach Galéria (110/B 4)

Nationale und internationale Kunst vor allem des 18. und 19. Jhs. *V., Szent István körút 5, Straßenbahn 2, 4, 6*

### Műgyűtők Galéria (Kunstsammler-Galerie) (105/E 4)

Ungarische und europäische Malerei, Zeichnungen, Grafik des 19. und 20. Jhs. *V., Kossuth Lajos utca 10, U-Bahn 3: Ferenciek tere*

### Mű-Terem Galéria (110/B 5)

Zeitgenössische Gemälde und Stiche. *V., Falk Miksa utca 13, Straßenbahn 2, 4, 6*

### Nagyházi Galéria (110/B 5)

Umfangreiches Angebot an Möbeln, Gemälden, Porzellan und Schmuck – und an Kleinkram. *V., Balaton utca 8, Straßenbahn 4, 6*

### Qualitas

Gemälde, Möbel, Porzellan und Kunstgewerbe. *V., Kígyó utca 5* (**105/D 4**), *U-Bahn 3: Ferenciek tere; V., Falk Miksa utca 32* (**110/B 5**), *Straßenbahn 2, 4, 6; VII., Dohány utca 1* (**105/F 3**), *U-Bahn 2: Astoria; XII., Krisztina körút 73, Straßenbahn 18*

### Rékai Galéria (104/C 4)

Zeitgenössische Gemälde und Skulpturen, dazu Kunstgewerbe wie Designerporzellan, handgemalte Seidenschals, Kerzenhalter. *V., Galamb utca 5, Straßenbahn 2, Bus 15*

### Relikvia (102/B 3)

Möbel, Gemälde, Schmuck, Porzellan für gehobene Ansprüche zu gehobenen Preisen. *I., Fortuna utca 14, Bus 16 (Burgbus)*

## Atlantisz Könyvsziget
### (Atlantis Bücherinsel)        (105/D 4)
Gut sortiert mit Titeln in deutscher, englischer, französischer Sprache über ungarische Kultur und Geschichte sowie über Budapest. *V., Piarista köz 1, U-Bahn 3: Ferenciek tere*

## Írók Boltja
### (Schriftstellerladen)        (110/C 6)
Buchladen mit fremdsprachiger Abteilung, regelmäßigen Autorenlesungen und Cafébetrieb. *VI., Andrássy út 45, U-Bahn 1: Oktogon*

## Kodály Zoltán Zenei Antiquárium
### (Musikantiquariat Zoltán Kodály)
### und Központi Antiquárium
### (Zentralantiquariat)        (105/F 4)
★ Die benachbarten Antiquariate sind die jeweils größten ihres Genres. Wer antiquarische Bücher in deutscher Sprache sowie alte oder neue Musikalien und Noten sucht, wird hier gewiss fündig. *V., Múzeum körút 17 und 15, U-Bahn 2: Astoria, Straßenbahn 47, 49*

## Sós Antiquárium        (105/D 4)
Bücher, alte Landkarten, Stiche und Postkarten. *V., Váci utca 73, U-Bahn 3: Ferenciek tere*

## Centrum Áruház Corvin        (116/B 2)
★ Ein Hauch von real existierendem Sozialismus weht trotz Teilprivatisierung der einst staatlichen Kette noch immer durch die Verkaufsräume. Preisgünstige Kleider, Schuhe, Haushaltswaren aus ungarischer Produktion. *VIII., Blaha Lujza tér 1–2, U-Bahn 2: Blaha Lujza tér*

## Duna Pláza        (O)
♣ Mit 150 Geschäften, Multiplex-Kino, Eislaufbahn, Internetcafé, Bars und Restaurants ist das 1996 eröffnete Duna Pláza die Urform und das Vorbild der sich rasch vermehrenden Malls in Budapest. *XIII., Váci út 178, U-Bahn 3: Gyöngyösi utca*

## Mammut        (102/A 1)
★ Zentral gelegen am *Moszkva tér* ist das Mammut binnen kurzem zu einem der beliebtesten Einkaufszentren geworden. Der *Wochenmarkt* in der *Fény utca* wurde vorbildlich in den Komplex integriert, sodass die Freiluftatmosphäre des Marktes erhalten blieb, obwohl dieser vollständig überdacht ist. *II., Széna tér 1–3, U-Bahn 2: Moszkva tér*

## Millennium Center        (104/C 3)
Elegante Passagen mit exquisiten Boutiquen in einem ausgebauten Hinterhof. *V., Váci utca 19–21, U-Bahn 1: Vörösmarty tér*

## West End City Center        (110/C 4)
★ ☉ Das größte Einkaufs- und Vergnügungszentrum Mitteleuropas – ein 200-Millionen-Euro-Projekt – hat sich mit seinen Hunderten Geschäften, Restaurants, Büros, Kinos, einem zweiten Hilton-Hotel sowie dem großen Dachgarten binnen kurzem zu einem pulsierenden Zentrum im Herzen der Pester Innenstadt entwickelt. *VI., Váci út 1–3, U-Bahn 3: Nyugati pályaudvar*

## Ecseri Piac        (O)
★ ☉ Im Lauf der Jahre wurde Budapests einziger Flohmarkt, der offiziell Gebrauchtwarenmarkt

*Liebevoll ausstaffiert: Trachtenpuppe im Sonntagskleid*

heißt, aber von allen nur Ecseri piac genannt wird, immer weiter aus dem Stadtzentrum gedrängt. In der Nachbarschaft des Gebrauchtwagenmarktes, unmittelbar am Beginn der Autobahn in Richtung Szeged, hat er schließlich ein Refugium gefunden. Die Auswahl reicht von guten Antiquitäten über Schmuck und Uhren bis hin zu Ramsch und gefälschter Markenkleidung.Vor allem an Samstagen, wenn die meisten Händler geöffnet haben, lohnt sich ein Besuch trotz langer Anfahrt. *Mo–Fr 6–16 Uhr, Sa 7 bis 15 Uhr, XIX., Nagykőrösi út 156, Bus 54*

### Józsefvárosi Piac　　(O)
Ultimative Balkan-Erfahrung bei fernöstlichen Billigstimporten: Die Händler sind Chinesen, die Handlanger Zigeuner, die Geldwechsler Türken, die Käufer Polen, Rumänen, Serben, Ukrainer und Ungarn. Beim Bummel ist Vorsicht vor Taschendieben angeraten! *Tgl. 6–18 Uhr, VII., Kőbányai út 21–23, Straßenbahn 28*

## FOLKLORE

### Folkart Centrum　　(104/C 3)
Stark auf die vermeintlichen Bedürfnisse der Touristen zugeschnitten, doch unübertroffen in der Auswahl an ungarischer Volkskunst von Stickereien, Kleidung, Keramik bis hin zu allerlei Kitsch. *V., Váci utca 14, U-Bahn 1: Vörösmarty tér*

### Vali Folklore Souvenir　　(105/D 4)
Hier findet man eher die echte ungarische Volkskunst aus der Puszta und aus Siebenbürgen im benachbarten Rumänien sowie aus der nordserbischen Vojvodina bestickte Jacken, Leder- und Blaufärberwaren, Gebrauchskeramik, Schnitzereien. *V., Váci utca 23, U-Bahn 3: Ferenciek tere*

## LEDERWAREN/PELZE

### Holmi　　(105/D 3)
Große Auswahl an Taschen, Koffern und sonstigen Lederwaren. *V., Régiposta utca 6, U-Bahn 1, 2, 3: Deák tér*

**Rácz Mária Szűcsmester** **(105/D 3)**
Kürschnermeisterin *(szűcsmester)*
Mária Rácz führt seit vielen Jahren den 1946 von ihrem Onkel gegründeten Betrieb. Klassische Pelze, Mützen, Umhänge, auch Einzelanfertigung. *V., Bárczi István utca 3, U-Bahn 1, 2, 3: Deák tér*

MÄRKTE

**Tägliche Märkte**
Billiger und weniger touristisch als die Zentrale Markthalle sind die zahlreichen Märkte für Lebensmittel und Gebrauchsgegenstände unter freiem Himmel oder in den Markthallen der verschiedenen Stadtteile. Der größte und billigste ist der *Freiluftmarkt* am *Lehel tér* im XIII. Bezirk, der *auch am So-Vormittag geöffnet* ist *(U-Bahn 3: Lehel tér, **110/C 4**)*. Am *Rákóczi tér* im armen VIII. Bezirk ist die Atmosphäre geradezu proletarisch *(U-Bahn 2: Blaha Lujza tér, **115/F 1**)*, in der *Fény utca* am Moszkva tér im wohlhabenden II. Bezirk dagegen eher gediegen *(s. Einkaufszentrum Mammut, U-Bahn 2: Moszkva tér, **102/A 1**)*.

**Zentrale Markthalle**
**(Központi Vásárcsarnok)** **(105/E 6)**
★ ✪ Seit der gründlichen Renovierung von 1994 ist die Zentrale Markthalle, unmittelbar am Pester Brückenkopf der Freiheitsbrücke *(Szabadság híd)* gelegen, ein bauhistorisches Juwel mit umtriebigem Innenleben. Das in der Stadt umfangreichste Angebot an *Lebensmitteln* reicht von lebenden Fischen über Wild, Fleisch und Wurst bis zu Gemüse, Obst und Gewürzen. *Souvenirs und Kunstgewerbe* im ersten Stock. *IX., Vámház körút 1–3, Straßenbahn 2, 47, 49*

MODE/DESIGN

**Artista** **(116/A 1)**
Sechs Designer ohne Scheu vor schrillen Kleidern für sehr junge Leute. *VI., Jókai tér 8, U-Bahn 1: Oktogon*

**Gréti** **(105/D 3)**
Traditionsreiche Designerboutique mit eleganten bis konservativen Kreationen für den klassischen Geschmack. *V., Bárczy István utca 3, U-Bahn 1, 2, 3: Deák tér*

**Kaláka Stúdió** **(105/D 4)**
Ungarisches Kleider- und Schuhdesign zu erschwinglichen Preisen. *V., Haris köz 2, U-Bahn 2: Ferenciek tere*

**Manier** **(105/D 5)**
⚐ Junges Design mit Mut zu ausgefallenen Ideen – vor allem für sehr schlanke Frauen. *V., Váci utca 48, U-Bahn 3: Ferenciek tere*

**V-50 Design Art Studio** **(105/E 5)**
★ ⚐ Designerin Valéria Fazekas, die auch auf Bestellung arbeitet, hat eine Vorliebe für klassisch geschnittene Kleider und Blazer aus Leinen sowie für ausgefallene Hüte. *V., Belgrád rakpart 16, U-Bahn 3: Ferenciek tere*

OPTIKER

**Ofotért**
Ungarns größte Optikerkette mit umfangreicher Auswahl an Brillengestellen, Gläsern und Kontaktlinsen. *V., Bajcsy-Zsilinszky út 16 (**105/D 1**), U-Bahn 1: Bajcsy-Zsilinszky út; VI., Andrássy út 31 (**105/E 1**), U-Bahn 1: Opéra; V., Ferenciek tere 3 (**105/D 4**), U-Bahn 3: Ferenciek tere; V., Szent István körút 19 (**110/B 5**), Straßenbahn 4,6*

### Tóbiás Optika (109/F 4)
Optiker mit eigener Brillen- und Gläserherstellung. *II., Bem rakpart 52-53, Straßenbahn 4,6*

### Haas & Czjzek (105/D 1)
Große, nicht markengebundene Auswahl ungarischen Porzellans, vor allem Hollóháza, Alföldi und Zsolnay. *VI., Bajcsy-Zsilinszky út 23, U-Bahn 3: Arany János utca*

### Hephaistos Háza (105/D 5)
⌘ Junges ungarisches Design aus Gusseisen und Glas, dazu Möbel, Lampen, Schalen, Accessoires. Die phantasievollsten Designkreationen in Budapest. *V., Molnár utca 27, U-Bahn 3: Ferenciek tere; Zweigstelle: VI., Zichy Jenő utca 20 (**110/C 6**), U-Bahn 1: Oktogon*

### Herender Porzellan (104/C 2)
★ Das Klassische aus Ungarn, das schon von Queen Victoria bei der Weltausstellung 1896 für den königlichen Gebrauch erwählt wurde. *V., József Nádor tér 11, U-Bahn 1: Vörösmarty tér; Zweigstellen: V., Kígyó utca 5 (**105/D 4**), U-Bahn 3: Ferenciek tere; I., Szentháromság utca 5 (**102/B 3**), Bus 16 (Burgbus)*

### Hollóháza-Porzellan (104/C 2)
Das bodenständige Porzellan aus dem Nordosten des Landes. *V., Apáczai Csere János utca 4, im Hotel Marriott, Straßenbahn 2*

### Zsolnay-Porzellan (105/D 4)
Nicht so filigran wie das »adelige« Herend, verkörperte Zsolnay ehedem die bäuerliche und bürgerliche Tradition – und steht heute für den Mut zu freier Form und freiem Design. *V., Kígyó utca 4, U-Bahn 3: Ferenciek tere*

### La Boutique (110/C 6)
Umfangreichste Auswahl an italienischer Schuhmode. *VI., Andrássy út 16, U-Bahn 1: Opera*

### Vass (105/D 4)
Wenn sich nicht das passende Paar findet, wird nach Bestellung binnen vier Wochen auf Maß und natürlich von Hand gearbeitet. *V., Haris köz 2 und Váci utca 41/A, U-Bahn 3: Ferenciek tere bzw. Deák tér*

### Zábrák (105/D 2)
★ Die Modelle bei Zábrák sind in ihrer schlichten Eleganz einen Hauch »italienischer« als die von Vass. Alles, was man Lobendes über Budapester Herrenschuhe sagt, ist wahr: Hat man sie einmal eingelaufen, trägt man sie fast ein Leben lang, ohne sie kaum je zu spüren. *Im Hotel Kempinski, Erzsébet tér 7–9, U-Bahn 1, 2, 3: Deák tér*

### Amadeus (104/C 3)
Riesige Auswahl an CDs und Kassetten, freundliche und kompetente Beratung. *Tgl. 9.30 bis 21.30 Uhr, V., Szende Pál utca 1 (Donaukorso), U-Bahn 1: Vörösmarty tér*

### Hanglemez Szalon (Schallplattensalon) (104/C 3)
Vorteil des CD-Salons ist vor allem seine zentrale Lage. *V., Vörösmarty tér 1, U-Bahn 1: Vörösmarty tér*

### Virgin Megastore (O)
⌘ Die umfangreichste Auswahl von Pop und Rock über Jazz und Ethno bis zu Klassik und zeitgenössischer Musik. *Im ersten Stock des Duna Pláza*

# Traumhaft schlafen

*Die Luxushotels sind gut belegt,*
*aber auch für bescheidenere Budgets*
*ist das Angebot umfassend*

**D**er Standard der Vier- und Fünf-Sterne-Hotels in Budapest ist hoch und kann sich in jeder Hinsicht mit dem Niveau der Spitzenhotels in westeuropäischen Metropolen messen – auch mit Blick auf die Preise. Das Angebot im oberen Preissegment ist recht umfassend und für eine Stadt wie Budapest durchaus angemessen. Dazu haben der Bau neuer Hotels und vor allem die Renovierung der bereits bestehenden Häuser der internationalen Ketten in den Neunzigerjahren beigetragen. Für dieses auch weiterhin wachsende Angebot besteht offenbar große Nachfrage, denn laut Statistik ist die durchschnittliche Belegung bei den Häusern der oberen Preiskategorie höher als bei den preisgünstigeren Hotels. Allein im Sommer 2000 waren drei Luxushotels im Bau. Der Umbau des Gresham-Palastes hatte begonnen, am Déak tér verwandelte sich das ehemalige Polizeihauptquartier in ein Hotel, und auf Budaer Seite wurde ein Komplex mit Blick auf die Donau gebaut. Dies kann als Zeichen dafür gelten, dass das Wirtschaftszentrum Budapest und der Reformstaat Ungarn für westliche Investoren und Geschäftsleute wichtige Adressen in der Region sind. Es zeigt aber auch, dass Budapest zunehmend von betuchten, kulturinteressierten Städtereisenden als Ziel entdeckt wird.

Mit seinem Angebot von über 20 000 Hotelbetten und mindestens noch einmal so vielen Betten in Privatunterkünften bietet Budapest für jedes Urlaubsbudget die passende Unterkunft. Während der Sommermonate sowie zu den Kulturfestivals und Messen kann es zu Engpässen kommen, weswegen zu diesen Zeiten eine frühzeitige Buchung angeraten ist. Restlos ausgebucht ist Budapest übrigens seit Jahren an einem Wochenende im August: wenn die Formel 1 beim Großen Preis von Ungarn auf dem Hungaroring um die Wette fährt.

Allgemein gibt es im mittleren Preisbereich einen relativen Mangel an guten und preisgünstigen Zwei- und Drei-Sterne-Hotels. Dieser Mangel aber dadurch ausgeglichen, dass sich seit einigen Jahren immer mehr kleinere Pensionen *(panziók),* meist im Familienbetrieb, gera-

*Das Hotel Hilton Budapest*
*bei der Matthiaskirche*

dezu liebevoll um Gäste bemühen. Wer die Fahrt mit den öffentlichen Verkehrsmitteln einige Kilometer aus dem Stadtzentrum heraus nicht scheut oder mit dem eigenen Auto anreist, findet zumal in den grünen Wohnbezirken von Buda Unterkünfte mit sehr gutem Preis-Leistungs-Verhältnis.

Schließlich gibt es noch die in den alten sozialistischen Zeiten beliebte Möglichkeit, ein oder mehrere Zimmer in Privatwohnungen zu mieten (s. Praktische Hinweise, S. 89). Diese billige Form der Unterkunft bietet zugleich die Möglichkeit, die Ungarn und ihr Alltagsleben kennen zu lernen. Preis, Ausstattung und Niveau der Angebote schwanken stark. In den Monaten Juli und August, während der Semesterferien, können junge Leute zudem in den Studentenwohnheimen und ganzjährig natürlich in den Jugendherbergen sehr preiswerte Schlafplätze finden. Die verlässlichsten Auskünfte dazu gibt Tourinform (s. Praktische Hinweise, »Auskunft in Budapest«). Für Camper gibt es zwei ganzjährig und fünf im Sommer geöffnete Campingplätze.

**GEHOBENES PREISNIVEAU**

*(über 130 Euro pro Doppelzimmer)*

### Aquincum Corinthia Thermal (107/D 5)

★ Das Hotel liegt direkt am Budaer Ufer der Donau inmitten von Wohnblocks. Schwimmbad und Thermalsitzbäder, Whirlpool sowie Sauna und Dampfbad machen das Hotel zu einem Badeparadies. *312 Zi., III., Árpád fejedelem útja 96, Tel. 436 41 00, Fax 436 41 56, E-Mail cor.resv@ aqu.hu, HÉV: Árpád híd*

### Art (105/E 5)

Kleines, modernes Hotel der »Best Western«-Kette nahe der Váci utca mit recht geräumigen Zimmern. *32 Zi., V., Király Pál utca 12, Tel. 266 21 66, Fax 266 21 70, E-Mail hotelart@mail.matav.hu, U-Bahn 3: Kálvin tér*

---

## MARCO POLO TIPPS FÜR HOTELS

**1 Alba**
Überschaubares Hotel in zentraler Lage (Seite 65)

**2 Agro Hotel**
Nahe dem höchsten Berg Budas (Seite 66)

**3 Aquincum**
Luxushotel mit modernen Bädern (Seite 62)

**4 Panzió Beatrix**
Familiäre Atmosphäre in ruhiger Lage (Seite 67)

**5 Gellért**
Das unübertroffene Bad als Trumpf (Seite 63)

**6 Ramada Grand Hotel**
Insel der Ruhe im Stadtgebraus (Seite 65)

**7 Petneházy Country Club**
Reiterferien 20 Minuten vom Zentrum (Seite 66)

**8 Professzorok Háza**
Ehemaliges Parteihotel am Stadtwäldchen (Seite 67)

*Das prominenteste Badehotel Budapests ist das »Gellért«*

### Béke Radisson SAS (110/C 5)

Zentral am Großen Ring und nahe dem Westbahnhof gelegen, bietet das Hotel mit der klassizistischen Fassade und den eher kleinen Zimmern den Standard eines Hauses dieser Preisklasse. Empfehlenswert: das Café Zsolnay im ersten Stock. *246 Zi., VI., Teréz körút 43, Tel. 301 16 00, Fax 301 16 15, www.danubiusgroup.com, U-Bahn 3: Nyugati pályaudvar*

### Gellért (115/D 4)

★ Das von 1911 bis 1918 entstandene Jugendstilhotel ist das berühmteste Badehotel Budapests. Service und Standard des Hauses lassen manchen Wunsch offen. *233 Zi., XI., Szent Gellért tér 1, Tel. 385 22 00, Fax 466 66 31, www.danubiusgroup.com, Straßenbahn 47, 49, 61*

### Helia Thermal (110/B 2)

Das sichtlich von skandinavischen Baufirmen errichtete Hotel liegt auf Pester Seite etwa auf gleicher Höhe wie das Aquincum. Hervorragendes Bad mit Sauna, Dampfbad, Whirlpool. *262 Zi., XIII., Kárpát utca 62–64, Tel. 270 32 77, Fax 270 22 62, www.danubiusgroup.com, Trolleybus 79, Bus 133*

### K + K Hotel Opera (105/E 1)

Das moderne Hotel liegt direkt hinter der Oper in einer ruhigen Seitenstraße. Es bietet sehr guten Service und in den Zimmern geschmackvolles Mobiliar. *100 Zi., VI., Révay utca 24, Tel. 269 02 22, Fax 269 02 30, E-Mail kk.hotel.opera @kkhotel.hu, U-Bahn 1: Opera*

### Korona Mercure (105/F 5)

Verkehrsgünstig am Kleinen Ring (Kiskörút) gelegen, profitiert das Hotel mit den recht kleinen Zimmern von der lebendigen Umgebung. *433 Zi., V., Kecskeméti utca 14, Tel. 317 41 11, Fax 318 38 67, E-Mail mercurekorona@pannoniahotels. hu, U-Bahn 3: Kálvin tér*

### Nemzeti (115/F 1)

Das mehr als hundert Jahre alte Hotel mit der himmelblauen Fas-

# Budapester Luxushotels

## Artotel (102/C 3)

Das von dem 1951 geborenen amerikanischen Künstler Donald Sultan gestaltete Haus – das dritte dieser Art nach Berlin und Dresden – versteht sich als Alternative zu den oft gleichförmigen Herbergen der internationalen Hotelketten. In jedem Zimmer wie in den öffentlichen Bereichen finden sich Gemälde und Plastiken des Künstlers. Direkt an der Donau gelegen, schöner Blick auf das Parlamentsgebäude. *165 Zi., ab 220 Euro. I., Bem rakpart 16–19, Tel. 487 94 87, Fax 487 94 88, www.parkhtls.com, U-Bahn 2: Batthyány tér*

## Corvinus Kempinski (105/D 2)

In jeder Hinsicht das erste Hotel am Platz. Das von den Architekten József Finta und Antal Puhl erbaute postmoderne Gebäude wurde 1992 eröffnet. Die Innenausstattung im abgewandelten Art-déco-Stil schafft eine Atmosphäre gelassener Gediegenheit. Besonders empfehlenswert: der *Family Sunday Brunch* mit dezentem Jazz So 12–15 Uhr. *369 Zi., ab 230 Euro. V., Erzsébet tér 7–8, Tel. 429 37 77, Fax 429 47 77, www.hungary.net /kempinski/kempi.htm, Metro 1, 2, 3: Deák tér*

## Hilton (102/B 2)

Als das Hotel 1977 im Budaer Burgviertel eröffnet wurde, war es das luxuriöseste in der ganzen Region. Gemeinsam integrierten Architekt Béla Pintér und Denkmalschützer János Sedlmayer die Überreste einer Klosterkirche aus dem 13. Jh. sowie die Vorderfassade eines Jesuitenkollegs aus dem 18. Jh. in den modernen Hotelbau. *323 Zi., ab 220 Euro. I., Hess András tér 1–3, Tel. 488 66 00, Fax 488 66 88, E-Mail hilton.hu @hungary.net, Bus 16 (Burgbus)*

## Hyatt Atrium (104/C 2)

Das spektakuläre Atrium, dem das zur Hyatt-Kette gehörende Haus seinen Namen verdankt, ist die Hauptattraktion dieses 1982 eröffneten Hotels. *353 Zi., ab 190 Euro. V., Roosevelt tér 3, Tel. 266 12 34, Fax 266 91 01, E-Mail reservation@budapest.hyatt.hu, Straßenbahn 2*

## Intercontinental (104/C 2)

Das zweite Hotel am Donaukorso, erbaut 1981. Durch Umbau und Renovierung 1998 deutlicher Niveaugewinn trotz eher geschäftiger als eleganter Atmosphäre. *408 Zi., ab 220 Euro. V., Apáczai Csere J. utca 12–14, Tel. 327 63 33, Fax 327 63 56, www.interconti. com, U-Bahn 1: Vörösmarty tér, Straßenbahn 2*

## Marriott (104/C 3)

1969 als erstes Luxushotel am Donaukorso eröffnet, verfügt das Mitte der Neunzigerjahre grundlegend renovierte Haus über 340 Zimmer, alle mit Donaublick. *Ab 160 Euro. V., Apáczai Csere J. utca 4, Tel. 266 70 00, Fax 266 50 00, E-mail marriott.budapest@pro net.hu, U-Bahn 1: Vörösmarty tér, Straßenbahn 2*

sade hat den Charme der Wende zum 20. Jh. bewahrt. Die Zimmer zum verkehrsreichen Blaha Lujza tér sind mit schallisolierten Fenstern ausgestattet. *76 Zi., VIII., József körút 4, Tel. 269 93 10, Fax 314 00 19, E-Mail nemzeti@pannonia hotels.hu, U-Bahn 2: Blaha Lujza tér*

### Ramada Grand Hotel (110/B 1)

★ Das 1873 auf der grünen Margareteninsel errichtete, mehrfach renovierte Hotel bietet noch heute das Flair eines großen Hotels der Wende zum 20. Jh. Ein unterirdischer Korridor führt zu den etwas ramponierten Badeeinrichtungen des benachbarten Hotels Thermal. *162 Zi., Margareteninsel (Margisziget), Tel. 452 62 00, Fax 452 62 62, www.danubiusgroup. com, Bus 26*

## MITTLERES PREISNIVEAU

(*70 bis 130 Euro pro Doppelzimmer*)

### Aero Ibis (O)

Funktionales Hotel nahe dem Einkaufszentrum Europark auf dem Weg zum Flughafen. *139 Zi., IX., Ferde utca 1–3, Tel. 280 60 10, Fax 280 64 03, U-Bahn 3: Határ út*

### Alba (102/C 4)

★ Überschaubares Hotel mit gutem Service am Fuße des Burgbergs nahe der Kettenbrücke. *95 Zi., I., Apor Péter utca 3, Tel. 224 09 99, Fax 224 09 90, Bus 16, 105*

### Astoria (105/E 4)

Der Charme des Hotels mit seiner Innenausstattung im Empire-Stil ließe sich gewiss auch bei der notwendigen Renovierung erhalten. *130 Zi., V., Kossuth Lajos utca 19–21, Tel. 317 34 11, Fax*

*318 67 98, www.danubiusgroup.com, U-Bahn 3: Astoria*

### Budapest (108/C 5)

☙ Die vollständige Renovierung des 15 Stockwerke hohen, zylinderförmigen Hotels hat ihm 1998 einen vierten Stern eingebracht. *269 Zi., II., Szilágyi Erzsébet fasor 47, Tel. 202 00 44, Fax 212 27 29, www.danubiusgroup.com, Straßenbahn 18, 56, Bus 5, 56, 156*

### Centrum Ibis (115/F 4)

Relativ zentral gelegenes Haus der »Ibis«-Kette, die auch in Ungarn mit recht günstigen Preisen und angemessenem Service reüssiert. *63 Zi., IX., Ráday utca 6, Tel. 456 41 00, Fax 215 87 87, U-Bahn 3: Ferenc körút*

### City Panzió Mátyás (105/D 5)

Freundliche Hotel-Pension in bester Innenstadtlage neben dem berühmten Restaurant Mátyás Pince am Pester Brückenkopf der Elisabethbrücke. *56 Zi., V., Március 15. tér 8, Tel. 338 47 11, Fax 317 90 86, U-Bahn 3: Ferenciek tere*

### City Panzió Pilvax (105/D 3)

Modernes und zentral gelegenes Hotel über dem berühmten Restaurant Pilvax, dem Treffpunkt freiheitsliebender ungarischer Literaten und Dissidenten des 19. und 20. Jhs. *32 Zi., V., Pilvax köz 1–3, Tel. 266 76 48, Fax 317 63 96, U-Bahn 3: Ferenciek tere*

### Dunapart (103/D 2)

Kleine Kabinenräume mit Klimaanlage auf einem ausrangierten Flussdampfer. Blick aufs Parlament von Wasserhöhe. *32 Zi., I., Szilágyi Dezsö tér, Alsó rakpart, Tel. 355 92 44, Fax 355 37 70, U-Bahn 2 und HÉV: Batthány tér*

**Erzsébet** (105/E 4)
Funktionales Hotel, gute Innen-stadtlage, beliebt bei Geschäfts-reisenden. *125 Zi., V., Károlyi Mihály utca 11–15, Tel. 328 57 00, Fax 328 57 63, E-Mail buderz@ euroweb.hu, U-Bahn 3: Ferenciek tere*

**Hungaria Grand Hotel** (116/C 2)
Das größte Hotel Budapests – und genau so ist es auch. *511 Zi., VII., Rákóczi út 90, Tel. 322 90 50, Fax 351 06 75, www.danubiusgroup. com, U-Bahn 2: Ostbahnhof (Keleti pályaudvar)*

**Novotel** (113/F 4)
Das typische Kongresshotel liegt beim Kongresszentrum und am Autobahnzubringer nach Wien. *323 Zi., XII., Alkotás utca 63–67, Tel. 209 19 90, Fax 466 56 36, E-Mail novotel@pannoniahotels.hu, Straßenbahn 61, Bus 12*

**Petneházy Country Club Hotel** (O)
★ Das Chalet-Hotel liegt etwa 15 Kilometer vom Zentrum ent-fernt inmitten grüner Hügel und direkt neben dem gleichnamigen Gestüt. *45 Chalets mit Sauna, II., Adyliget, Feketefej utca 2–4, Tel. 376 59 92, Fax 376 57 38, Bus 63*

**Taverna** (105/D 3)
Das einzige in der berühmten Einkaufsmeile gelegene Hotel, sehr kleine Zimmer. *230 Zi., V., Váci utca 20, Tel. 338 49 99, Fax 318 71 88, www.hoteltaverna.hu, U-Bahn 3: Ferenciek tere*

**Walzer** (113/E 3)
Familienhotel am Fuße des Schwabenhügels – unweit vom Südbahnhof und dennoch in ei-nem grünen Viertel. *27 Zi., XI., Németvölgyi út 110, Tel. 319 12 12, Fax 319 29 64, Straßenbahn 59*

*(bis zu 70 Euro pro Doppelzimmer)*

**Agro** (112/A 1)
★ Auf einem der höchsten Hü-gel Budas mitten im Wald gele-gen. *148 Zi., XII., Normafa út 54, Tel. 375 40 11, Fax 375 61 64, Bus 21*

**Bara** (114/B 3)
Hotel und Pension an der Aus-fallstraße in Richtung Wien, gute Verkehrsanbindung. *74 Zi., XI., Hegyalja út 34–36, Tel. 209 49 05, Fax 385 09 95, Bus 8, 112*

**Benczúr** (111/E 5)
Unweit von Heldenplatz und Stadtwäldchen, von außen wenig verlockend, doch mit gutem Preis-Leistungs-Verhältnis und ordentlichem Service. *45 Zi., VI., Benczúr utca 35, Tel. 342 79 70, Fax 342 15 58, U-Bahn 1: Hősök tere*

**Buda Center Hotel** (109/E 5)
Umgebauter Wohnblock, dessen eine Hälfte aus Büroräumen be-steht, während im anderen Teil das funktionale, saubere Hotel untergebracht ist. *45 Zi., II., Csa-logány utca 23, Tel. 201 63 33, Fax 201 78 43, U-Bahn 2: Moszkva tér*

**Charles Apartment House** (114/A 3)
Geräumige Apartments mit Küche und Bad für Selbstversor-ger in einem umgebauten Wohn-haus. Freundlicher, hilfsbereiter Service. *53 Apartments, I., Hegyalja út 23 (Ecke Mészáros utca), Tel. 201 17 96, Fax 202 29 84, Bus 8, 112*

**Garden** (O)
Vom umtriebigen Moszkva tér aus braucht man mit der Straßen-bahn nur wenige Minuten, um

das ruhige Refugium im Grünen zu erreichen. *100 Zi., II., Tárogató utca 2–4, Tel./Fax 274 20 88, E-Mail hgarden@mail.datanet.hu, Straßenbahn 56*

### Gold Buda (114/A 3)
Kleines Familienhotel auf Budaer Seite, nur wenige Busminuten von der Elisabethbrücke entfernt. *24 Zi., I., Hegyalja út 14, Tel. 209 47 75, Fax 209 54 31, E-Mail goldhotel@compuserve.com, Bus 8, 112*

### King's Hotel (105/F 2)
Freundliches Hotel, Familienbetrieb, im Herzen des jüdischen Viertels mit koscherem Restaurant. *80 Zi., VII., Nagy Diófa utca 25–27, Tel. 352 76 75, U-Bahn 2: Blaha Lujza tér*

### Kulturinov (102/B 2)
Im Haus der Ungarischen Kulturstiftung auf dem Burgberg ist man zwar in kleinen Zimmern, aber zu günstigem Preis und in unmittelbarer Nachbarschaft von Matthiaskirche und Fischerbastei untergebracht. *21 Zi., I., Szentháromság tér 6, Tel. 355 01 22, Fax 375 18 86, Bus 16 (Burgbus)*

### Panzió Ábel (114/B 4)
Eine der schönsten Pensionen Budapests in einer Villa aus der Zeit der Wende zum 20. Jh. Zentrumsnah und dennoch ruhig gelegen, helle und saubere Räume, freundlicher Service. *10 Zi., XII., Ábel Jenő utca 9, Tel. 209 25 37, Fax 209 25 38, Straßenbahn 61*

### Panzió Beatrix (O)
★ Kleine und freundliche Pension mit guter Verkehrsanbindung. *15 Zi., II. Széher út 3, Tel. 275 05 50, Fax 394 37 30, Bus 29*

### Panzió Gizella (O)
Die Pension bietet familiäre Atmosphäre in gediegener Umgebung. *8 Zi., XII., Arató utca 42/b, Tel./Fax 382 03 24, Bus 53*

### Panzió Molnár (O)
Freundlich, sauber, ruhig. *15 Zi., XII., Fodor utca 143, Tel. 209 29 73/4, Bus 28*

### Professzorok Háza (111/F 5)
★ Apartmenthaus der ehemaligen Parteihochschule direkt am Stadtwäldchen. *50 Zi., XIV., Ajtosi Dürer sor 19–21, Tel. 251 25 51, Fax 343 81 57, Trolleybus 72, 74*

### Queen Mary Hotel (112/A 1)
Ruhige und saubere Pension, guter Service und eigener Minibusbetrieb. *22 Zi., XII., Béla király út 47, Tel./Fax 274 40 00/1/2, Bus 28*

### Villa Korda (108/B 1)
Neoklassizistische Villa, Baujahr 1992. *20 Zi., II., Szikla utca 9, Tel. 269 72 70, Fax 368 40 01, Bus 29*

### Traveller's Youth Hostel (110/C 2)
Zur Jugendherberge umgebautes Studentenwohnheim in günstiger Lage. *Ganzjährig geöffnet, XIII., Dózsa György út 152, Tel. 340 85 85, Fax 340 84 25, www.travellers ho stels. com, U-Bahn 3: Dózsa György út*

### Zugligeti »Niche« Camping (U/C 5)
Kleine gepflegte Anlage am Fuße der Budaer Berge unmittelbar an der Talstation des Sessellifts *(libegő)*. Geöffnet März bis November, XII., Zugligeti út 101, Tel. 200 83 46, Bus 158 von Moszkva tér

# Budapester Kalender

*Alte und neue Feiertage leben*
*in Budapest in friedlicher Koexistenz*

In Sachen Fest- und Feiertage sind die Ungarn und zumal die Budapester große Brückenbauer – in doppelter Hinsicht. Zwar arbeiten die Ungarn, was statistisch belegt ist, sehr viel und offenbar auch gerne. Trotzdem hat sich die Idee der Freizeitgesellschaft schon so weit durchgesetzt, dass ein staatlicher oder kirchlicher Feiertag in jedem Fall zur Verlängerung des Wochenendes genutzt wird. An solchermaßen verlängerten, aber auch an gewöhnlichen Wochenenden fährt der gute Budapester selbstverständlich an den Plattensee, wo er sich im Hinterland ein Grundstück mit einem Gartenhäuschen oder ein veritables Wochenendhaus gekauft hat.

In zweiter Hinsicht Feiertags-Brückenbauer sind die Ungarn, weil es nach dem Systemwechsel von 1989 zu einer friedlichen Koexistenz der Feiertage aus der alten und der neuen Zeit gekommen ist. Die wieder eingeführten christlichen Feiertage haben die Gedenktage aus der kommunistischen Ära nicht verdrängt, sie haben sich zu ihnen gesellt. Zwar sind gut zwei Drittel der Ungarn römisch-katholisch, aber der Anteil der Reformierten (vor allem im Osten des Landes mit dem Zentrum Debrecen) und Lutheraner ist mit einem Viertel der Bevölkerung recht hoch.

Beispielhaft für das Nebeneinander von Alt und Neu ist der 20. August, neben dem 15. März der nationale Hauptfeiertag Ungarns. Vor 1989 wurde er als »Tag der Verfassung« im Gedenken an das am 20. August 1949 in Kraft getretene Grundgesetz der Volksrepublik Ungarn begangen. Zudem nimmt der 20. August als »Tag des neuen Brotes« eine bäuerliche Tradition auf. Seit 1990 schließlich wird der Tag als Sankt-Stephans-Tag zur Ehre des Heiligen Stephan (997–1038), des Christianisierers und Staatsgründers, begangen.

1. Januar: *Neujahr*
15. März: *Tag der bürgerlichen Revolution und des Unabhängigkeitskampfes von 1848*

*Die Kettenbrücke im festlichen Glanz eines Feuerwerks*

März/April: *Ostermontag*
1. Mai: *Tag der Arbeit*
Mai/Juni: *Pfingstmontag*
20. August: ★ *Sankt-Stephans-Tag; Tag des neuen Brotes; Verfassungstag*
23. Oktober: ★ *Tag der Republik; Gedenken an den Beginn des Aufstandes von 1956*
25./26. Dezember: *Weihnachten*

## VERANSTALTUNGEN/FESTE

### Januar
Nach Wiener Vorbild sind *Bälle* seit einigen Jahren in Budapest sehr in Mode gekommen. Während der Ballsaison Ende Januar, Anfang Februar laden allerlei Berufssparten und Geschäftszweige zu ihren Galas mit Tanz.

### Februar
In der Zeit des *Farsang (Fasching)* wird auch in Ungarn der Abschied vom Winter gefeiert. Üblicherweise gibt es kleine Umzüge mit Musikparaden am letzten Wochenende des Monats. Zu Monatsbeginn findet die traditionelle *Filmszemle (Filmschau)* statt, bei der die ungarische Jahresproduktion an Spiel- und Do-kumentarfilmen vorgestellt und in verschiedenen Kategorien prämiert wird.

### März
Am 15. trägt man die Kokarde in den Nationalfarben Rot-Weiß-Grün am Revers. Öffentliche Gebäude und Brücken, Busse und Bahnen, aber auch Privathäuser werden beflaggt. Auf dem Platz vor dem Parlament (**103/E1**) findet die offizielle *Gedenkfeier* statt, doch auch an anderen mit der *bürgerlichen Revolution* verbundenen Orten gibt es Feiern.

Meist in der zweiten Monatshälfte findet das große ★ *Budapester Frühlingsfestival* mit Konzerten, Opern-, Operetten- und Theateraufführungen statt.

### März/April
Am *Ostermontag* werden, einem alten Brauch folgend, Mädchen und Frauen von Jungen und Männern mit duftenden Wässern begossen *(Locsolás)*. Dazu wird ein Vers aufgesagt, der übersetzt etwa lautet: »Ich ging durch grüne Au / Und sah ein Veilchen blau / Furchtbaren Durst es litt / Drum bring ich Wasser mit!« Als

## MARCO POLO TIPPS FÜR VERANSTALTUNGEN

**1 Frühlingsfestival**
Oper, Operette und Konzert mit internationaler Besetzung (Seite 70)

**2 Búcsú**
Zum Gedenken an den Abzug sowjetischer Truppen 1991 (Seite 71)

**3 Sankt-Stephans-Tag**
Prozession und traditionelles Feuerwerk an der Donau (Seite 71)

**4 Tag der Republik**
Gedenktag für die Opfer des Volksaufstandes von 1956 (Seite 71)

Lohn für den Wunsch ewiger Mädchenblüte gab es früher ein selbst bemaltes Osterei und einen Kuss. Heute gibt es neben dem Kuss – je nach Alter – Süßigkeiten oder Schnaps.

### Mai

Das Bannerwehen und Hymnenschmettern früherer Tage der Arbeit gibt es nicht mehr. Dafür versuchen die Politiker jetzt am *Maifeiertag (Majális)* bei Veranstaltungen im Freien mit Reden, Freibier, Bratwürsten und Luftballons die ganze Familie von ihren Ideen zu überzeugen.

### Juni

Wenn Schülerinnen in schwarzen Kostümen und Jünglinge in schlecht sitzenden Anzügen das Straßenbild prägen, ist *Ballagás.* Traditionell wird die Abschlussprüfung in der Schule – von der Hauptschule bis zum Gymnasium – als Eintritt ins Erwachsenenleben begangen.

Am letzten Juniwochenende wird ★ *Budapester Búcsú* gefeiert. In fröhlicher Erinnerung an den Abzug des letzten sowjetischen Soldaten im Juni 1991 gibt es seither das Jugendfestival mit Rockkonzerten, Tanzveranstaltungen, Performances.

### Juli

Während der Saison der Openair-Veranstaltungen finden vielerorts *Konzerte* aller Stilrichtungen statt. Die Freiluftbühne auf der Margareteninsel (**110/A 4–B 1**) ist besonders beliebt.

### August

Am 20. August, dem ★ *Sankt-Stephans-Tag,* wird die in der Basilika als Nationalreliquie verwahrte »Heilige Rechte Hand« von König Stephan I. in einer Prozession durch die Straßen getragen. Zum Feuerwerk um 21 Uhr strömen Hunderttausende zum Donauufer zwischen Ketten- und Freiheitsbrücke (**103/D 4, 115/D 3**). Die *Formel 1* macht Anfang August beim Großen Preis von Ungarn auf dem Hungaroring bei Mogyoród Station (**U/E 3**).

### September

Mitte des Monats ist Zeit für das *Budapester Weinfestival*, vor allem auf dem Vörösmarty tér. Ende September gibt es die *Internationale Konsumgütermesse (Budapest Nemzetközi Vásár, BNV).*

### Oktober

Die *Budapester Musikwochen* in den ersten beiden Oktoberwochen mit vielen Konzerten sollen zum Pendant des Frühlingsfestivals werden. Am 23. Oktober, dem ★ *Tag der Republik,* ist Budapest ein Fahnenmeer.

### November

Am 1. November *(Allerheiligen)* ist Totengedenktag. Die Friedhöfe sind überfüllt und die Gräber blumengeschmückt.

### Dezember

Auch der *6. Dezember* ist ein Zeichen friedlicher Koexistenz alter und neuer Bräuche. Zwar heißt der Heilige Nikolaus heute wieder wie früher *Mikulás,* aber die »sozialistisch korrekte« Rede vom Väterchen Winter *(Télapó)* sitzt noch in vielen Köpfen fest. An *Silvester* herrscht geräuschvolle Karnevalsatmosphäre. Masken und Tröten aus Pappe werden von fliegenden Händlern in der Innenstadt feilgeboten.

# Am Abend gehen wir aus

*Oper, Konzert und Operette sind in Budapest ebenso auf internationalem Niveau wie Diskos und Clubs*

Budapest bietet Tag um Tag das volle Abendprogramm: von der Opernpremiere und dem Konzert internationaler Güte über die leichte Operette und die Folkloreveranstaltung bis zum Jazzkonzert und zur schrillen Diskonacht. Die Ensembles und Solisten der großen staatlichen Häuser genießen international hohes Renommee. Bis heute zehrt das Musikleben Ungarns vom Erbe der großen Musikpädagogen Béla Bartók und Zoltán Kodály, die sich zeitlebens neben der Kompositionsarbeit auch intensiv der Musikerziehung gewidmet hatten. In Budapest gibt es zudem eine kleine, aber feine Jazz-Szene, die immer wieder internationale Stars wie den Bassisten Aladár Pege, die Gitarristen Attila Zoller und jüngst Ferenc Snétberger oder den Pianisten Béla Szakcsi Lakatos hervorgebracht hat. Aber auch die Jugendkultur in Budapest hat sozusagen Weltniveau.

*Das nach Plänen der Wiener Baumeister Fellner und Helmer gebaute Lustspieltheater*

Die Entwicklungen und Moden im Westen werden in der ungarischen Hauptstadt in Echtzeit abgebildet – und nach Art der Ungarn gleich ein wenig überhöht. Die Plateausohlen sind besonders hoch, die Hosenbeine besonders weit ausgestellt – und der Besuch in den derzeit beliebtesten Diskotheken dauert besonders lang.

Zu den traditionellen Abendvergnügungen zählt für die Budapester der regelmäßige Gang ins Theater. Den meisten ausländischen Besuchern der Stadt dürfte dieses Kulturerlebnis wegen der schier unüberwindlichen Sprachbarriere jedoch verschlossen bleiben. Aus dem gleichen Grund wird ein Gang ins Kino nicht unbedingt zum Abendprogramm gehören. In Ungarn werden ausländische Filme meistens synchronisiert – und das leider in schlechter Qualität. In einigen Kinos werden inzwischen aber auch Filme in der Originalfassung gezeigt. In den Wochenzeitungen »Neuer Pester Lloyd« und vor allem »Budapest Sun« findet sich ein ausführliches Verzeichnis der aktuellen Konzerte,

Opernaufführungen und der in Originalsprache mit Untertiteln gezeigten Filme.

## BARS/KNEIPEN/PUBS

### Amstel Bar (105/D 5)
Eine traditionsreiche Institution im Abend- und Nachtleben Budapests, deren Ruhm schon aus den Zeiten vor der Wende von 1989 herrührt. Eigentlich immer geöffnet. *Mo–Fr 8–6 Uhr, So 10 bis 6 Uhr, V., Váci utca 61, U-Bahn 3: Ferenciek tere*

### Beckett's (110/B 5)
Ziemlich irisch und sehr »in«. Auch das *Restaurant (tgl. 17.30 bis 0.30 Uhr)* ist empfehlenswert, weil Service und Qualität weit über dem Durchschnitt liegen. *Mo–Fr 12–24, Sa, So 12–3.30 Uhr, V., Bajcsy-Zsilinszky út 72, U-Bahn 3: Nyugati pályaudvar*

### Belgian Brasserie (102/C 3)
Am Ufer der Donau mit Terrasse im Sommer. Etwa ein Dutzend belgischer Biere sind im Angebot. *Tgl. 12–24 Uhr, I., Bem rakpart 12, U-Bahn 2: Batthyány tér*

### Cactus Juice (110/C 6)
Pub im Stil des Wilden Westens, eher ein Ort, um sich mit Freunden zu treffen, als neue Bekanntschaften zu machen. *Mo–Do 12–2 Uhr, Fr, Sa 12–4 Uhr, So 16–2 Uhr, VI., Jókai tér, U-Bahn 1: Oktogon*

### Club Verne (105/E 5)
Als wäre man zu Gast im Unterseeboot des Kapitän Nemo. Jeden Abend Livemusik, experimentierfreudige Küche. Gelegen im weniger touristischen Teil der Váci utca, ist dieses 1998 eröffnete Club-Restaurant zum be-

liebten Treffpunkt der in Budapest arbeitenden jungen Ausländer geworden. *Tgl. 12–2 Uhr, V., Váci utca 60, Straßenbahn 2, Bus 15*

### Crazy Café (110/C 5)
Verrückte Auswahl an Bieren: 18 vom Fass und fast 100 aus der Flasche. Restaurantbetrieb und Konzerte in zwei Nebenräumen. *Tgl. 11–1 Uhr, VI., Jókai utca 30, U-Bahn 3: Nyugati pályaudvar*

### Incognito (110/C 6)
Große Bar und Kneipe mit Rock- bis Jazzmusik aus der Konserve. *Mo–Fr 10–24 Uhr, Sa, So 12–24 Uhr, VI., Liszt Ferenc tér 3, U-Bahn 1: Oktogon*

### Janis Pub (105/E 5)
Ruhiger Pub mit einheimischem und ausländischem Publikum. *Tgl. 16–2 Uhr, V., Király Pál utca 8, U-Bahn 3: Kálvin tér*

### Leroys Country Pub (110/C 3)
Gelegen im einst proletarisch geprägten XIII. Bezirk, ist dieser sehr amerikanische Pub der Ort schlechthin zum Sehen und Gesehenwerden. Gute Steaks zu guten Preisen bei nicht zu lauter Musik. *Tgl. 10–24 Uhr, XIII., Visegrádi utca 50, U-Bahn 3: Lehel tér*

### Paris, Texas (115/E 3)
Angenehme Bar in belebter Straße. Im Erdgeschoss gibt es gelegentlich Livemusik, im ersten Stock ruhige Atmosphäre zum Plaudern. *Mo–Sa 10–3 Uhr, So ab 16 Uhr, IX., Ráday utca 22, U-Bahn 3: Kálvin tér*

### Portside (105/F 3)
Große Kellerkneipe, in der sich vor allem am Wochenende das junge Volk von Budapest zum Se-

## MARCO POLO TIPPS FÜR DEN ABEND

**1 Musikakademie (Zeneakadémia)**
Harmonie von Baukunst und Musik (Seite 77)

**2 Oper**
Prunk und Pracht des Musiktheaters (Seite 78)

**3 Tanzhaus Marcibányi tér**
Zurück zu den Ursprüngen (Seite 79)

**4 Várkert Casino**
Gediegenes Ambiente – zum Geldverlieren (Seite 75)

**5 Vigadó**
Hochamt der Operette (Seite 78)

**6 Undergrass**
»Hippster« Club am »hippen« Liszt-Platz (Seite 76)

hen und Gesehenwerden trifft. Zudem gibt es ein verlässliches und preisgünstiges Menü bis spätabends. *So–Do 12–2 Uhr, Fr, Sa 11–4 Uhr, VII., Dohány utca 7, U-Bahn 2: Astoria*

**Pub V.** (105/D 2)
Der gepflegte Pub im Hotel Kempinski bedient gehobenere Ansprüche an Bier, Bedienung und Imbiss. *Mo–Fr 12–24, Sa, So 18–23 Uhr, V., Erzsébet tér 7–8, U-Bahn 1, 2, 3: Deák tér*

**Szent Jupát** (109/D 5)
Belebte und garantiert schwer verrauchte Kneipe am Verkehrsknotenpunkt Moszkva tér (Moskauplatz). Bei Jugendlichen und weniger jugendlichen gleichermaßen als Zwischenstopp auf Abend- und Nachttouren oder beim Nachhauseweg beliebt. *Tgl. 0–24 Uhr, II., Dekán utca 3, U-Bahn 2: Moszkva tér*

**Talk Talk** (105/E 4)
🏃 Szenetreffpunkt in zentraler und verkehrsgünstiger Lage mit garantiert hohem Studentenanteil. *Tgl. 10–1.30 Uhr, V., Magyar utca 12–14, U-Bahn 2: Astoria*

**Underground** (110/C 5)
🏃 Populäre Jugendkneipe, deren Ambiente an den gleichnamigen Film des bosnischen Regisseurs Emir Kusturica erinnern soll. Gutes Essen bis spätnachts. *Tgl. 15–3 Uhr, VI., Teréz körút, U-Bahn 3: Nyugati pályaudvar*

### CASINOS

**Casino Budapest Hilton** (102/B 3)
Gespielt wird in westlicher Währung: Roulette, Black Jack und Poker. *Tgl. 19–4 Uhr, I., Hess András tér 1–3, Tel. 355 73 33, Bus 16 (Burgbus)*

**Las Vegas im Hyatt Atrium** (104/C 2)
Auch hier können nur Devisen gewonnen oder verloren werden. *Tgl. 14–5 Uhr, V., Roosevelt tér 3, Tel. 317 60 22, Straßenbahn 2*

**Várkert Casino** (104/B 3)
★ Das fashionabelste Casino der Stadt am Fuße des Burgbergs *(tgl. 14–5 Uhr)*. Vom *Valentine Restaurant (tgl. 19–2 Uhr)* auf der Galerie kann man das Glücksspiel verfolgen. *I., Ybl Miklós tér 8, Tel. 202 42 44, Bus 86*

## DISKOS/MUSIKCLUBS

**Bahnhof Music Club** (110/C 5)
🕴 Rock und Pop, sehr junges Publikum, Livemusik. *Mi–Sa 21–4 Uhr, VI., Váci út 1, Tel. 302 85 99, U-Bahn 3: Nyugati pályaudvar*

**Benczúr Jazz Club** (111/E 5)
Jeden Mittwoch Livejazz von Akustik bis Jazzrock. *Tgl. 19 bis 2 Uhr, VI., Benczúr utca 27, Tel. 321 73 34, U-Bahn 1: Bajza utca*

**Dokk Backstage Bistro** (107/D 5)
Auf dem Gelände der ehemaligen Schiffswerft nahe der Nordspitze der Margareteninsel gibt es keine Anwohner, die sich über die sehr laute Diskomusik beschweren könnten. *Tgl. 20–3 Uhr, III., Hajógyári sziget 122, Tel. 457 10 23, HÉV: Árpád híd*

**E-play Cyber Club** (110/C 5)
Techno und House in frisch renoviertem Cyber Club auf zwei Etagen. *Tgl. 20–3 Uhr, VI., Teréz körút 55, Tel. 302 28 49, U-Bahn 3: Nyugati pályaudvar*

**Fat Mo's Music Club** (105/D 5)
Akustischer Jazz in angenehm unaufgeregter Atmosphäre. *Tgl. 20–2 Uhr, V., Nyári Pál utca 11, Tel. 267 31 99, U-Bahn 3: Ferenciek tere*

**Fél 10 Jazz Club** (105/F 5)
Neben lokalen Jazzgrößen treten in dem traditionsreichen Club auch Blues- und Funkmusiker auf. *Mo–Fr 12–4 Uhr, Sa, So 19 bis 4 Uhr, VIII., Baross utca 30, U-Bahn 3: Kálvin tér*

**Közgaz Jazz Club und Közgaz Pince Club** (116/A 5)
🕴 Im *Jazz Club (IX., Kinizsi utca 2–6, Tel. 217 51 10)* und im *Pince Club (IX., Fővámtér 8, Tel. 218 68 55)* der volkswirtschaftlichen Fakultät *(Közgazdasági kollégium)* treffen sich an Wochenenden nicht nur die Studenten dieses zunehmend populären Fachbereiches, sondern junge Leute aus ganz Budapest. *Fr–So 19–2 Uhr, Trolleybus 83*

**Long Jazz Club** (115/E 2)
Einer der jüngsten Jazzclubs mit kleiner Bühne für akustische Trios oder Quartette. *Mo–Sa 16–2 Uhr, VII., Dohány utca 22–24, U-Bahn 2: Astoria*

**Old Man's Music Pub** (116/B 2)
Im erweiterten Keller spielen täglich ab 21 Uhr Bands Jazz oder Soul, Funk oder Country, Blues oder Swing. Entspannte Atmosphäre, gute Küche (15–3 Uhr), unaufgeregtes Publikum. *Tgl. 15–6 Uhr, VII., Akácfa utca 13, Tel. 332 76 43, U-Bahn 2: Blaha Lujza tér*

**Undergrass** (110/C 6)
★ 🕴 Seit einigen Jahren gehören die Cafés und Bars am Liszt Ferenc tér zu den beliebtesten Szenetreffpunkten Budapests. Der wahrscheinlich »hippste« Club ist derzeit das Undergrass, wo eigentlich erst nach Mitternacht das Leben richtig beginnt. *So–Do 18–4 Uhr, Sa, So 18–5 Uhr. VI., Liszt Ferenc tér 10, U-Bahn 1: Oktogon*

**VMH** (117/E 5)
🕴 In dem Keller war einst das legendäre »Fekete Lyuk« (Schwarzes Loch) untergebracht, Budapests ultimativer Punker-Treff. Auch heute wird vor allem schrille Musik vor sehr jungem Publikum geboten. *Fr, Sa 19–7 Uhr, VIII., Golgota út 3, Tel. 313 84 30, Straßenbahn 23, 24*

## KINOS

**Broadway** **(105/E 3)**
Imposanter Kinosaal mit 600 Sitzen in steil aufsteigenden Reihen und im Halbkreis. Viele italienische und französische Streifen, aber auch Hollywood-Produktionen. *VII., Károly körút 3, U-Bahn 3: Astoria*

**Művesz** **(110/C 5)**
Eines der stilvollsten und ganz gewiss das populärste Kunstkino der Stadt, in dessen fünf Sälen internationale Filmkunst präsentiert wird. Empfehlenswert auch das Restaurant »Federico« im Keller, wo sich die Cineasten nach den Vorführungen ein Stelldichein geben. *VI., Teréz körút 30, U-Bahn 3: Nyugati pályaudvar*

**Örökmozgó Filmmúzeum** **(116/B 2)**
Wöchentlich wechselndes Programm von Klassikern der Filmgeschichte bis zu neuen Dokumentarfilmen – oft in der Originalfassung. *VII., Erzsébet körút 39, Straßenbahn 4, 6*

## KONZERTE/OPER/OPERETTE

**Donaupalast**
**(Duna Palota)** **(104/C 1)**
Symphonie- und Solokonzerte ungarischer Orchester, zum Beispiel des Donau-Symphonieorchesters, populäre Mischungen von allenfalls nationaler Bedeutung. *V., Zrínyi utca 5, Tel. 317 27 54, Bus 15*

**Erkel-Theater**
**(Erkel Színház)** **(116/C 3)**
✪ Mit 2400 Zuschauerplätzen ist das Erkel-Theater eines der größten Häuser des Landes und bietet Opern wie Musicals gleicher-

maßen Raum. *VIII., Köztársaság tér 8, Tel. 333 05 40, U-Bahn 3: Keleti pályaudvar*

**Lustspieltheater**
**(Vígszínház)** **(110/B 4)**
Als das Meisterwerk eklektizistischer Baukunst 1896 eröffnet wurde, lag es noch am Rande der Pester Innenstadt. Deshalb prophezeite man dem nach Plänen der Wiener Architekten Fellner und Helmer gebauten Haus der leichteren Musikkunst leere Ränge. Das Gegenteil trat ein. Die Aufführungen der französischen und italienischen Operetten sowie der Werke des weltberühmten ungarischen Komponisten Ferenc Molnár waren stets gut besucht. So ist es bis heute geblieben. *XII., Szent István körút 14, Tel. 340 46 50, Straßenbahn 2, 4, 6*

*Hochburg des ungarischen Musiklebens: die Musikakademie*

**Musikakademie**
**(Zeneakadémia)** **(110/C 6)**
★ Erbaut von Flóris Kolb und Kálmán Giergl zwischen 1904 und 1907, ist die nach dem Komponisten Franz Liszt benannte Akademie bis heute die bedeutendste Musikhochschule Ungarns. Im Großen Saal, einem Meisterwerk des ungarischen

*Das Budapester Opernhaus in funkelnder abendlicher Beleuchtung*

Jugendstils für 1200 Zuschauer, sowie im Kleinen Saal mit 500 Plätzen finden die wichtigsten Uraufführungen und Klassikerkonzerte statt. *VI., Liszt Ferenc tér 8, Tel. 342 01 79, U-Bahn 1: Oktogon*

### Oper (Operaház)　(110/C 6)
★ Musiktheater mit breitem Repertoire, gelegentlich gibt es auch Ballettaufführungen. Neben der Musikakademie ist die Oper der wichtigste Ort für Darbietungen ernster Musik auf internationalem Niveau. *VI., Andrássy út 22, Tel. 302 42 90, U-Bahn 1: Opera*

### Pester Redoute
### (Pesti Vigadó)　(104/C 3)
★ Der Saal im Pester Vigadó mit 600 Plätzen ist wegen seiner un-

befriedigenden Akustik eher für die leichte Form der musikalischen Unterhaltung wie Operettenkonzerte und Musicals geeignet. *V., Vigadó tér 2, Tel. 318 44 46, U-Bahn 1: Vörösmarty tér*

## TANZ/BALLETT

### Budaer Redoute
### (Budai Vigadó)　(102/C 3)
Hier treten das Staatliche Ungarische Volkstanzensemble, das Donau Folklore Ensemble sowie das Rajkó Ensemble mit ihren als typisch ungarisch geltenden Tänzen auf. *I., Corvin tér 8, Tel. 317 27 54 und 201 59 28, Bus 86*

### Fonó Budai Zeneház　(O)
Musikclub, Café und CD-Shop für Jazz, ungarische Volks- und

Zigeunermusik. Di und Do Aufführungen von *tánchaz*-Gruppen. *Tgl. 16–24 Uhr, Konzerte 20 Uhr, XI., Sztregova utca 3, Tel. 206 53 00, Straßenbahn 14*

## Gyökér (110/C 5)

Jeden Freitag um 21 Uhr finden hier »Tanzhaus«-Aufführungen statt, das Restaurant ist schon eine Stunde vorher geöffnet. *VI., Eötvös utca 46, Tel. 302 40 59, U-Bahn 1: Oktogon*

## Kalamajka Club (105/D 5)

Einführung ins »Tanzhaus« jeden Samstag um 17 Uhr für Kinder, um 19 Uhr für Erwachsene. *V., Molnár utca 9, Kulturhaus des 5. Bezirks (V. Kerület Művelődési Ház), Straßenbahn 2*

## Kulturhaus am Marcibányi-Platz (Marcibányi téri Művelödési Ház) (109/D 4)

★ ☼ ♿ Ende der Sechziger-, Anfang der Siebzigerjahre entstand in Ungarn die Bewegung des so genannten Tanzhauses *(tánchaz)*. Impuls dieser neuen Bewegung war, wie so oft in der Geschichte der Ungarn, die Suche nach den Ursprüngen, nach den wirklich ungarischen Werten unter den Lackschichten der Jahrhunderte. Tatsächlich ist das, was allgemein als ungarische Musik oder als Musik der ungarischen Zigeuner bekannt ist, was von Hunderten Zigeunerkapellen in Restaurants oder auch von großen Folkloreensembles in Konzertsälen zu Gehör gebracht wird, eine Erfindung des 19. Jhs. Diese gefällige, ja verkitschte Musik hat mit der traditionellen ungarischen Tonkunst und der Musik der Zigeuner nur wenig zu tun. Es ist das große Verdienst von Gruppen wie Kalamajka, Méta, Muzsikás oder Tarors, die verschütteten Wurzeln der ungarischen Volksmusik und des Volkstanzes wieder sichtbar gemacht und zu neuer Blüte gebracht zu haben. Inzwischen gibt es viele Plattenaufnahmen dieser wieder entdeckten Musik, die bis heute in den ungarisch besiedelten Gebieten der Nachbarländer Rumänien (Siebenbürgen) und Serbien (Vojvodina) zum Alltagsgut gehört. Bemerkenswerterweise wird die *tánchaz*-Bewegung vor allem von jungen Leuten getragen, die in Scharen die alten Tänze und Lieder neu erlernen und zur Aufführung bringen. Das Kulturhaus am Marcibányi-Platz ist zum Zentrum der Tanzhaus-Bewegung geworden, hinter der man auch die Suche nach der eigenen Identität erkennen darf. *II., Marcibányi tér 5/a, Tel. 212 57 89, Veranstaltungsbeginn 20 Uhr, Sommerpause Mitte Juni bis Mitte Sept., Bus 49*

## Bábszinház (Puppentheater) (111/D 5)

Internationale Märchen und ungarische Folklore, die Kinder wie Erwachsene auch ohne Kenntnis der ungarischen Sprache verstehen. Das Puppentheater macht im Juli und August Pause. *VI., Andrássy út 69, Tel. 321 52 00, U-Bahn 1: Vörösmarty utca*

## International Buda Stage (O)

Theater-, Tanz und Musikaufführungen internationaler Truppen auf Ungarntournee. Meist englischsprachige Aufführungen. *II., Tárogató út 2–4, Tel. 274 20 85, Straßenbahn und Bus 56*

# Mittelalter und jüdisches Leben

*Die hier beschriebenen Spaziergänge sind in der Übersichtskarte auf dem hinteren Umschlag und im Cityatlas ab Seite 102 grün markiert*

## ① DER BUDAER BURGBERG

**Man glaubt, dass der Budaer Burgberg wegen seiner günstigen strategischen Lage seit der Bronzezeit bewohnt war. Wie ein steinernes Schiff von gewaltigen Ausmaßen, anderthalb Kilometer lang und einen halben Kilometer breit, liegt der bis zu 60 Meter hohe Plateaufels am rechten Donauufer. Die uralten Wurzeln der relativ jungen Stadt Budapest – auf dem Burgberg liegen sie offen zutage. Länge des Spaziergangs: drei bis vier Stunden.**

Die 1870 gebaute und 1986 erneuerte *Standseilbahn (sikló, S. 87)* fährt in kaum zwei Minuten vom Budaer Brückenkopf der *Kettenbrücke (Clark Ádám tér, S. 20)* zum Burgberg hinauf. Von der Bergstation am *Sankt-Georgs-Platz (Szent György tér)* geht es zur Linken zum barocken *Burgpalast (Budavári Palota, S. 26)*. Wer seinen Gang durch das Burgviertel mit einem Besuch in einem der zahlreichen Museen im königlichen Palast verbinden möchte, durchschreitet gleich links das neobarocke Eingangstor zum Burgpalast mit der *Bronzeplastik des ungarischen Mythenvogels Turul*. Der Legende

nach zeugte Turul Álmos, den Vater von Fürst Árpád, der die Magyaren 896 zur Landnahme ins Karpatenbecken führte.

Wenden Sie sich nach rechts, dem nördlichen Teil des Burgberges zu, wo sich die mittelalterlichen Wohnviertel befinden. Im klassizistischen *Palais Alexander (Sándor Palota)* in der *Theaterstraße (Színház utca)* gleich neben der Standseilbahn residierten von 1867 bis 1944 Ungarns Ministerpräsidenten. In dem umgebauten Palais soll der Staatspräsident, dessen Diensträume sich gegenwärtig noch im Parlament befinden, künftig seinen Amtssitz haben. Im benachbarten Palais befindet sich das *Burgtheater (Várszínház)*. Über den *Paradeplatz (Dísz tér)*, dessen barocke Häuser sämtlich unter Denkmalschutz stehen, gehen Sie nach links zur *Árpád-Tóth-Promenade (Tóth Árpád sétány)* auf die Befestigungsmauer des Burgberges, die ringsum fast vollständig begehbar ist. Von der Promenade bietet sich ein schöner Blick auf Buda. Dann biegen Sie in die *Straße der Heiligen Dreifaltigkeit (Szentháromság utca)* ein, wo sich das *Café Ruszwurm (Nr. 7, S. 46)* für eine Pause anbietet. Gegenüber befindet sich das *Alte Budaer Rathaus (Régi budai város ház)*, das nach der Vereinigung der Stadtteile Buda, Óbuda und Pest 1873 seine Funktion verlor. Heute beherbergt es mit dem Collegium Budapest ein international renommiertes Graduiertenkolleg. Die *Herrenstraße (Úri utca)* ist das Kernstück des Wohnviertels. An den meisten zweistöckigen Häusern lässt sich ablesen, wie nach der Vertreibung der Türken im Jahre 1686 auf den Trümmern der gotischen Häuser aus dem 15. Jh. die neuen Wohngebäude im Stil des Barock errichtet wurden. So ist die *Fassade des dreistöckigen Hauses Nr. 31* fast vollständig gotisch. Gotische Elemente lassen sich deutlich auch an den Palais mit den *Hausnummern 32, 34, 36 und 38* erkennen. In Nummer 30 lädt das *Café Miró (S. 45)* zur Rast. Über die Querstraße *Dárda utca* und die *Parlamentsstraße (Országház utca)* führt der Weg weiter zum *Kapisztrán tér* mit dem *Maria-Magdalena-Turm (Magdolna torony)*, dem einzig erhaltenen Überrest der im Zweiten Weltkrieg zerstörten Kirche aus dem 13. Jh. Vom klassizistischen *Militärhistorischen Museum (Hadtörténeti Múzeum, S. 37)* am Kapisztrán tér gehen Sie in die *Petermann bíró utca*, die am *Wiener-Tor-Platz (Bécsi kapu tér)* endet. Hier fand im Mittelalter der Samstagsmarkt der nicht-jüdischen, etwa der deutschen Händler statt. Die *Táncsics Mihály utca* am Ostrand des Platzes war Ende des 14. Jhs. Zentrum des jüdischen Lebens in Buda. Im Volksmund wurde sie »Judengasse« geheißen, weil sich dort auch das Jüdische Gebetshaus *(Középkori Zsidó Imaház)* befand. Vorbei am Hilton Hotel und der *Matthiaskirche (S. 29)* bietet ein Abstecher nach links auf die Mauern der *Fischerbastei (S. 16)* den unvergleichlichen Blick auf die Donau und auf Pest. Der Rückweg führt wieder über die Szantháromság utca nach links in die Úri utca. Im Haus Nr. 9 bietet das *Budaer Labyrinth (Budavári Labyrinthus, Úri utca 9, Di–So 10–18 Uhr)* einen künstlerisch recht anspruchsvollen Abriss der Welt- und der ungarischen Geschichte. Das dank privater Initiative eingerichtete Museum macht etwa eineinhalb Kilometer des insgesamt zehn Kilometer langen Systems von Kellern, Höhlen und Tunneln unter dem Burgberg zugänglich. Die oberste Schicht des Burgberges bildet eine elf Meter dicke Kalksteinplatte, deren natürliche Höhlen schon die Türken durch zusätzlich gegrabene Keller und Gänge zu Verteidigungszwecken nutzten. Die Temperatur in den Gängen ist ganzjährig etwa 14 Grad, die Luftfeuchtigkeit liegt bei 90 Prozent. In den letzten Monaten des Zweiten Weltkrieges, als sich die deutschen Truppen vor der anrückenden Roten Armee auf dem Burgberg verschanzten, wurden die Gänge als Luftschutzbunker genutzt. Sogar ein unterirdisches Lazarett der Wehrmacht gab es. Am 13. Februar 1945 endete die fast einen Monat dauernde Belagerung des vollständig von der Roten Armee umschlossenen Burgberges mit der Kapitulation der letzten deutschen Soldaten. Dieser vorerst letzte Kampf war die einunddreißigste aller historisch verbürgten Schlachten um den Budaer Burgberg. Über die Úri utca gehen Sie zurück über den Dísz tér und die *Königstreppe (Király lép-csö)* hinunter zur Donau oder weiter über den Szent György tér zur Talfahrt mit der Standseilbahn.

## ② SPUREN JÜDISCHEN LEBENS – DIE ELISABETHSTADT

**Wiens Bürgermeister der Jahrhundertwende, Karl Lueger, pflegte die ungarische Schwesterstadt an der Donau »Judapest« zu nennen. Tatsächlich waren Juden in Budapest in der Blütezeit der Stadt nach 1870 ein bedeutendes Element des täglichen Lebens. Der Holocaust machte dem fast ein Ende. Spuren von vergangenem und auch gegenwärtigem jüdischem Leben findet man heute vor allem in der Elisabethstadt (Erzsébetváros), dem VII. Bezirk. Länge des Spaziergangs: zwei bis drei Stunden.**

Zu Beginn des 20. Jhs. lebten in Budapest etwa 170 000 Juden. Ihr Bevölkerungsanteil war von 1872 bis 1900 von 16 auf 21,5 Prozent gestiegen. Jahr um Jahr waren Tausende Juden aus dem Westen, vor allem aus den böhmischen und mährischen Provinzen des Habsburger Reiches, nach Budapest gezogen. Das weltoffene Klima Budapests und die Liberalisierung der Gesetze zum Eigentumserwerb und zur Berufsausübung in der Hauptstadt lockten viele Juden an die Donau. Bis 1939 stieg die Zahl der Juden in Budapest auf 200 000. Heute schätzt man ihre Zahl auf nur noch 80 000, die über das ganze Stadtgebiet verstreut leben. Es gab unter den liberalen Juden eine starke Tendenz zur Assimilierung und Magyarisierung. Orthodoxe Juden waren in Budapest stets eine kleine Minderheit,

es entwickelte sich nie so etwas wie ein Schtetl. Um die Jahrhundertwende gab es in Budapest noch keine nennenswerten Ressentiments gegen die Juden, obschon es in Pest Bezirke mit starker jüdischer Mehrheit gab. In einigen Straßenzügen der Elisabethstadt stellten Juden bis zu 70 Prozent der Bevölkerung. Sie waren Kaufleute und Handwerker, betrieben Clubs, Caféhäuser und Restaurants, die auch von Nichtjuden frequentiert wurden. Juden leisteten einen großen Beitrag zur kulturellen und wirtschaftlichen Entwicklung Ungarns.

An der *Synagoge in der Dohány utca (S. 29)*, seit je das religiöse Zentrum der liberalen Juden Budapests, beginnt der Spaziergang. Schon bei der Ausschreibung des Architektenwettbewerbs zum Bau der Synagoge gab es heftigen Streit mit der orthodoxen jüdischen Gemeinde. Von Beginn an war nämlich der Einbau einer Orgel auf der Empore geplant. Für die Orthodoxen war es geradezu eine Schändung des Sabbaths, einen Gottesdienstbrauch von den Christen zu übernehmen. Die liberalen Juden aber ließen sich nicht beirren, und die Orgel wurde eingebaut. Bis heute finden in der Synagoge regelmäßig Orgelkonzerte statt. Die Synagoge in der Dohány utca symbolisiert seit dem Tag der feierlichen Einweihung am 6. September 1859 das Streben der Juden Budapests, als Teil der ungarischen Nation anerkannt zu werden. Das Festival der ungarisch-jüdischen Brüderlichkeit im Dezember 1860 wurde gar mit dem ungarischen Nationallied »Szózat« eröffnet. Die vollständige Restaurierung des Gotteshauses in den vergangenen Jahren wurde wesentlich durch die Stiftung des amerikanischen Schauspielers Tony Curtis (eigentlich Bernard Schwartz) finanziert, dessen Vater Manuel ein jüdischer Emigrant aus Ungarn war. Die Synagoge bildet gleichsam das südliche Tor des jüdischen Viertels zwischen *Király utca, Dohány utca* sowie *Károly körút* und *Erzsébet körút*. Erst im November 1944 wurde die Einrichtung eines rein jüdischen Ghettos in der mit einer Backsteinmauer umgebenen Elisabethstadt angeordnet. Es bestand bis zur Befreiung durch sowjetische Soldaten am 18. Januar 1945.

Vom *Herzl-Platz (Herzl tér)* führt die *Wesselényi utca* bis zum *Großen Ring (Nagykörút, S. 30)*. Grundsätzlich gilt, dass man bei Besichtigungen in Pest kaum je genug Hinterhöfe anschauen kann – so auch in der Elisabethstadt. Nach etwa 300 Metern wird die Wesselényi utca von der *Kazinczy utca* gekreuzt, in der sich das *rituelle Bad* der orthodoxen jüdischen Gemeinde befindet *(Nr. 16)*. Sie folgen der Kacinczy utca in linker Richtung, wo sich gleich nach der *koscheren Bäckerei (Nr. 28)* und dem *Elektrotechnischen Museum (Nr. 21)* die 1912 von Béla und Sándor Löffler gebaute *Synagoge* für die heute nur noch etwa 3000 orthodoxen Juden Budapests befindet. Etwa hundert Meter nördlich der Kreuzung mit der *Dob utca* stößt man auf den *Klauzál-Platz (Klauzál tér)*, der zu Zeiten des Ghettos dessen überfüllter Hauptplatz war. In den Restaurants und Cafés am Klauzál-Platz bietet sich eine Rast an. Auch ein Abstecher in die umtriebige Markthalle am Nordende des Platzes lohnt sich. Von der Südseite des Klauzál-Platzes gehen Sie in die marod-charmante Kis Diófa, dann links in die quirlige Király und weiter in die charmant-marode Kazinczy utca bis zur »Ghetto-Magistrale«, der Dob utca. Im Hof der *Dob utca 35* befindet sich die koschere Garküche *Hanna (S. 51)*, wo ein Mittagessen und die unvergleichliche Atmosphäre praktisch nichts kosten. Hier gibt es traditionelle jiddische Gerichte wie »Gefilte Fis« oder die Abwandlung »False Fis«, wobei statt Fisch Geflügel- oder Kalbfleisch verwendet wird. Zum Nachtisch wären »Mandelbrot«, »Krancli« oder »Kreplah« zu empfehlen. Hier könnte das jiddische Sprichwort erfunden worden sein: »Hun iz guttsu esn banand, ikh un di hun« – Ein Huhn isst man am besten in Gesellschaft, das Huhn und ich. Auf dem Weg zurück zum *Karlsring (Károly körút)* nach Süden öffnet sich, gegenüber der *Síp utca*, in der *Dob utca 16* der einzigartige, aber arg heruntergekommene *Gozsdu-Hof (Gozsdu udvar)*. Sieben Hinter- und Zwischenhöfe stellen die Verbindung zur Király utca her, die vor dem Bau der Andrássy út eine der Pester Hauptverkehrsstraßen war.

Die letzte Querstraße der Király utca vor dem *Kleinen Ring (Kiskörút, S. 30)* ist linker Hand die *Sebestyén-Rumbach-Straße*, in der die gleichnamige *Rumbach-Synagoge (Nr. 11, S. 29)* liegt. Sie wurde 1872 von dem Wiener Architekten Otto Wagner im romantisch-maurischen Stil gebaut. Von dort aus sind es nur noch einige Schritte auf der Dob utca zum Ausgangspunkt in der Dohány utca.

# Von Ankunft bis Zoll

*Hier finden Sie kurz gefasst die wichtigsten Adressen und Informationen für Ihre Budapest-Reise*

**ANKUNFT**

###  Flugzeug

Direktverbindungen bestehen mit Berlin, Düsseldorf, Frankfurt/M., Hamburg, Köln, München, Stuttgart und Wien. Von beiden Terminals (A und B) des Flughafens Ferihegy 2 fährt ein Zubringerbus zwischen 5.30 und 21.30 Uhr jede halbe Stunde zum Busbahnhof Erzsébet tér und zurück (500 Ft.). Die Minibusse der Flughafengesellschaft LRI fahren zu jeder Adresse *(1300 Ft., Tel. 296 85 55, Fax 296 89 93)*. Zusätzlich verkehrt der Linienbus 93 (bis U-Bahn-Linie 3, Endstation Kőbánya-Kispest). Die Taxifahrt bis zur City kostet 3000–4000 Ft. *Flugauskunft in Budapest Tel. 296 71 55, Vorbestellung Tel. 267 43 33*

###  Bahn

Fahrtzeit von Frankfurt bis Budapest ca. 11 Std. (einfache Fahrt ca. 120 Euro), ab Berlin 12–16 Std. (ca. 120 Euro), ab München 8 Std. (ca. 80 Euro), ab Wien 3 Std. (ca. 25 Euro), ab Zürich 13 Std. (ca. 130 Euro). *Internationale Zugauskunft in Budapest: Tel. 342 91 50, Ungarische Staatsbahnen (MÁV) www.mav.hu*

###  Bus

Ab Frankfurt/M., Berlin, Hamburg, München, Nürnberg und Stuttgart sowie ab Wien, Graz und Salzburg gibt es regelmäßige Busverbindungen nach Budapest. Auskunft und Kartenverkauf: *Budapest: Internationaler Autobusbahnhof, V., Erzsébet tér, Tel. 317 25 62; Berlin: Bayern Express, Brückenstraße 1 a, Tel. 030/ 279 26 36; Frankfurt/M.: Deutsche Touring GmbH (DTG), Am Römerhof 17, Tel. 069/23 07 35; Hamburg: DTG, Omnibusbahnhof, Adenauerallee 78, Tel. 040/24 98 18; München: DTG, Arnulfstraße 3, Tel. 089/ 54 58 70; Nürnberg: SOLO Reisen, Essenweinstraße 4–6, Tel. 0911/ 22 19 40; Stuttgart: DTG, Arnulf-Klett-Platz 2, Tel. 0711/22 47 00; Wien: Reisebüro Blaguss, Wiedner Hauptstraße 15, Tel. 01/50 18 00*

### Auto

Von Deutschland aus fährt man am besten über Wien zum Grenzübergang Nickelsdorf-Hegyeshalom, dann auf der Autobahn M 1 (maut-

pflichtig) über Győr und Tatabánya nach Budapest. Wochen-, Monats- und Jahresvignetten (matrica) sowie die erforderliche Magnetkarte gibt es an der Grenze und an vielen Tankstellen (1300, 2400 bzw. 22 000 Ft.).

## AUSKUNFT VOR DER REISE

### Ungarisches Tourismusamt
- Berliner Straße 72, 60311 Frankfurt/M., Tel. 069/929 11 90, Fax 92 91 19 18, E-Mail ungarn.info@t-online.de
- Opernring 5/2. St., 1010 Wien, Tel. 01/585 20 12 13/4, Fax 585 20 12 15, www.miwo.hu
- Stampfenbachstrasse 78, 8035 Zürich, Tel. 01/361 14 14, Fax 361 39 39, E-Mail htzürich@hungarytourism.hu

## AUSKUNFT IN BUDAPEST

### Tourinform
Das zentrale Fremdenverkehrsbüro gibt Auskünfte auf Deutsch, hilft bei der Reiseorganisation und informiert über Veranstaltungen. V., Sütő utca 2, Tel. 317 98 00, Fax 317 96 56, www.hungarytourism.hu, U-Bahn 1, 2, 3: Deák tér

## AUTO

Höchstgeschwindigkeiten: innerorts 50, außerorts 80, auf Autobahnen 120 km/h. Außerorts muss auch tagsüber das Abblendlicht eingeschaltet sein. Es gelten absolutes Alkoholverbot (0 Promille) sowie Gurtpflicht auf allen Sitzen; Benutzung des Mobiltelefons nur mit Freisprechanlage. Bei Unfällen die Polizei benachrichtigen, da beschädigte Fahrzeuge das Land nur mit polizeilicher Bescheinigung verlassen dürfen. Die grüne Versicherungskarte ist empfehlenswert.

Pannen- und Notfalldienst: Magyar Autóklub (MAK, landesweit Tel. 088). In Budapest: Notrufzentrale des MAK (Tag und Nacht Tel. 212 28 21 und 212 39 52, II., Römer Flóris utca 4/a nahe Margaretenbrücke, Bus 91, 191, Straßenbahn 4, 6). Deutschsprachige Auskunft für ADAC- und ÖAMTC-Mitglieder: Tel. 212 51 67 (Mo–Fr 9–17 Uhr, Mitte Juni–Mitte September auch Sa/So).

Internationale Fahrzeugversicherungsabteilung der Versicherung Hungária Biztósitó: XI.,

*Hamzsabégi út 60, Bus 40, 87, Tel.
466 50 23 (Mo–Fr 8–16 Uhr)*
Wer keinen Parkschein gelöst
oder die Parkzeit überschritten
hat, kann von einer Radkralle
überrascht werden. Das Entfernen kann über die auf der Kralle
angegebene Telefonnummer oder
persönlich *(V., Gerlóczy utca 2., tgl.
9–20 Uhr, U-Bahn 1, 2, 3: Deák tér)*
erbeten werden. Informationen
über abgeschleppte Wagen: *Polizeihauptwache (BRFK), XIV.,
Írottkő park 1, Tel. 383 07-00/-70,
Trolleybus 74, Bus 25.* Neben den
Parkhäusern bieten die großen
Hotels Stellplätze in ihren Tiefgaragen (mind. 400 Ft./Std.).

## BANKEN/GELDWECHSEL

Banken sind in der Regel Mo–Do
8–14 und Fr 8–13 Uhr geöffnet,
Wechselstuben länger. Da die
Devisenkurse freigegeben sind,
lohnt sich der Vergleich von Kursen und Provisionen. Tauschquittungen sollten aufbewahrt werden. Empfehlenswert sind *Geldwechselautomaten (II., Margit körút
43–45, Straßenbahn 4,6; V., Károly
körút 20, U-Bahn 1, 2, 3: Deák tér;
V., Váci utca 40, U-Bahn 1: Vörösmarty tér; VI., Andrássy út 49, U-Bahn 1: Oktogon).*
Die meisten Wechselstuben
wechseln auch Reiseschecks, die
für fixe Summen ausgestellt wurden, und Eurocheques (höchstens drei pro Tag). Höchstsumme
für in Forint ausgestellte Eurocheques: 30 000 Ft. pro Scheck.
An entsprechend gekennzeichneten Geldautomaten erhält man
mit der Kreditkarte Forint – allerdings gegen recht hohe Gebühren.
Kreditkartenzahlung (Amex,
Diners, Euro/Mastercard, JCB,
Visa) ist weit verbreitet. Trotz der
von den meisten Kreditkartenunternehmen erhobenen Auslandsgebühr (üblicherweise zwischen einem und zwei Prozent)
ist die Kreditkartenzahlung wegen des besseren Devisenkurses
meist günstiger als Geldtausch
und Barzahlung.

## BUDAPEST CARD

Die Karte im Kreditkartenformat
ist das unerlässliche Vademecum
für jeden Budapest-Besucher. Sie
berechtigt zur unbeschränkten
Benutzung der öffentlichen Verkehrsmittel sowie zum freien
oder stark ermäßigten Eintritt in
Museen, den Zoo und den Vergnügungspark (Vidámpark) im
Stadtwäldchen. Zudem gibt es
Rabatte bei Stadtbesichtigungen,
kulturellen und folkloristischen
Veranstaltungen, in Thermalbädern, Geschäften, Restaurants
sowie beim Flughafen-Minibus
und beim Autoverleih.
Die Budapest-Card mit der stilisierten Silhouette der Kettenbrücke und des Burgpalastes gibt
es zum Preis von 2800 Ft. für
zwei und für 3400 Ft. für drei
Tage (gültig jeweils für einen Erwachsenen und ein Kind bis zu
14 Jahren). Erhältlich ist die Karte
am Flughafen, bei Tourinform
(siehe Rubrik »Auskunft«) und
Reisebüros, in Hotels und Museen sowie an den Fahrkartenschaltern der Verkehrsbetriebe
BKV *(www.bkv.hu).*

## DIPLOMATISCHE VERTRETUNG

### Deutsche Botschaft
*XIV., Stefánia út 101–103, Tel.
467 35 00, Fax 467 35 05, Trolleybus 75*

### Österreichische Botschaft
*VI., Benczúr utca 16, Tel. 351 67 00, Fax 352 87 95, U-Bahn 1: Bajza utca*

### Schweizer Botschaft
*XIV., Stefánia út 107, Tel. 343 94 91, Fax 343 94 92, Trolleybus 75*

## EINREISE

Für die Einreise nach Ungarn genügt für Deutsche, Österreicher und Schweizer der Personalausweis.

## FUNDSACHEN

Fundbüros gibt es in den Mo–Fr 8–16.30 Uhr geöffneten Bürgermeisterämtern jedes Bezirks.

In öffentlichen Verkehrsmitteln liegen gelassene Gegenstände bekommt man mit viel Glück im *Fundbüro der BKV (VII., Akácfa utca 18, Tel. 322 66 13, Straßenbahn 4, 6)* wieder.

*Fundbüro der Eisenbahnen: I., Krisztina körút 37a, Tel. 375 65 93, U-Bahn 2: Déli pályaudvar*

*Am Flughafen Ferihegy 2: Tel. 296 81 08, 296 72 17*

## JUGENDHERBERGEN/CAMPING

### Verband der Ungarischen Jugendherbergen (MISZSZ)
*VI., Bajcsy-Zsilinszky utca 31/II/3, Tel./Fax 331 97 05, 311 32 97, U-Bahn 3: Arany János utca*

### Ungarischer Camperverband
*VIII., Üllői út 6, Tel. 317 17 11, U-Bahn 3: Kalvín tér*

## KARTENVORVERKAUF

Konzerte: *V., Erzsébet tér 7–8 (Hotel Kempinski), Tel. 429 37 77; U-Bahn 1, 2, 3: Deák tér*

Music Mix 33 Ticket Service: *V., Váci utca 33, Tel. 317 77 36, U-Bahn 1: Vörösmarty tér*

Vigadó: *V., Vigadó utca 5, Tel. 338 47 21, Bus 15*

Zentrale Theaterkasse: *VI., Andrássy út 18, Tel. 312 00-07/-08/-09, U-Bahn 1: Opera*

## NOTRUF

**Ambulanz: 104**
Notfall-Ambulanzbehandlung ist gratis in Fällen, die einen unmittelbaren medizinischen Eingriff erfordern.
**Polizei: 107**
**Feuerwehr: 105**
**Magyar Autóklub** (»Gelbe Engel«): **088**

## ÖFFENTLICHE VERKEHRSMITTEL

Budapest hat ein ausgezeichnetes Netz öffentlicher Verkehrsmittel und wahrscheinlich eine weltweit unübertroffene Vielfalt. Neben der 1896 eröffneten Untergrundbahn (*földalatti*, U-Bahn 1) und der Metro sowjetischer Bauart (U-Bahn 2 und 3) gibt es S-Bahnen (*HÉV*) und Straßenbahnen (*villamos*), Busse und Trolleybusse, eine Zahnradbahn (*fogaskerekű*) und eine Standseilbahn (*siklò*), die Kindereisenbahn (*gyermek vasút*) und den Sessellift (*libegő*), schließlich die Schiffe und Fähren auf der Donau. Die 185 Bus-, 14 Trolleybus- und 29 Straßenbahnlinien verkehren im Allgemeinen von 4.30 bis 23 Uhr, einige Busse und Straßenbahnen fahren auch nachts.

Einzelkarten für Bus, Straßenbahn, Trolleybus, U-Bahn und HÉV kosten 90 Ft. und müssen für jeden Fahrtabschnitt einzeln entwertet werden. Tageskarten kosten 740 Ft., Drei-Tage-Karten 1500 Ft. und Wochenkarten 1850 Ft. (siehe auch »Budapest Card«). Karten sind in Zeitungskiosken und Metrostationen sowie an Fahrscheinautomaten erhältlich.

Von Mai bis September fahren Schiffe von der südlichen bis zur nördlichen Stadtgrenze von Budapest, vom Boráros tér nach Pünkösdfürdő. *Information: Budapester Verkehrsbetriebe (Budapesti Közlekedési Vállalat, BKV), Abt. Schifffahrt, Tel. 369 13 59*

Ein großes Vergnügen, zumal für Kinder, sind neben den Fahrten mit den Donauschiffen die besonderen Verkehrsmittel Budapests, für die jedoch eigene Fahrscheine gelöst werden müssen. Die Standseilbahn *(sikló)* fährt vom Budaer Brückenkopf der Kettenbrücke zum Burgberg hinauf. Mit dem Sessellift *(libegő)* schwebt man lautlos von Zugliget *(XII., Zugligeti út 97, Bus 158 von Moszkva tér bis Endstation)* zum 526 Meter hoch gelegenen Johannesberg *(Jánoshegy)*. Bei der Talfahrt genießen Sie eine spektakuläre Aussicht auf die Stadt (tgl. im Frühjahr 9–17, im Sommer 9–19, im Herbst und Winter 9.30–16 Uhr; wegen Wartungsarbeiten jeden ersten und dritten Montag des Monats geschlossen).

Die Kindereisenbahn *(gyermek vasút)*, 1948 als Pioniereisenbahn gebaut, fährt von Hűvösvölgy *(Straßenbahn 56 von Moszkva tér bis Endstation)* über den Jánoshegy zum Széchenyi-Berg *(Széchenyi hegy)*. Für die gut 11 Kilometer lange Waldstrecke benötigt die von 10 bis 14 Jahre alten Kindern betriebene und mit höchstens 20 km/h verkehrende Schmalspurbahn etwa 45 Minuten.

Am Széchenyi hegy befindet sich auch die Bergstation der Zahnradbahn *(fogaskerekű)*. Deren Talbahnhof Városmajor *(XII., Szilágy Erzsébet fasor)* ist mit Straßenbahn (Linien 18, 56) und Bus (Linien 5, 22, 56, 156) in wenigen Minuten vom Moszkva tér zu erreichen.

POST

Postämter sind im Allgemeinen Mo–Fr 8–18, Sa 8–14 Uhr geöffnet. Am West- und Ostbahnhof *(Nyugati und Keleti pályaudvar)* gibt es Postämter, die tgl. 8–21 Uhr geöffnet sind.

Postkarten in Nachbarländer kosten 27 Ft., in europäische Länder 65 Ft., sonst 80 Ft. Standardbriefe bis 20 g müssen mit 32, 100 bzw. 110 Ft. frankiert werden.

## REISEZEIT

Budapest ist das ganze Jahr über einen Besuch wert. Frühjahr und Herbst sind die beste Reisezeit. In den Sommermonaten ist die Stadt oft überlaufen. An heißen Tagen empfiehlt es sich, aus der staubigen Innenstadt in die grünen Budaer Berge zu fliehen.

## STADTRUNDFAHRT

In Hotels und Reisebüros können Stadtrundfahrten *(városnézés)* bei Tag und bei Nacht sowie Besichtigungen des Parlaments oder der Burg und schließlich Ausflüge in die Umgebung gebucht werden. Die Ungarische Schifffahrtsgesellschaft *(Mahart)* bietet Linienschiffe nach Visegrád und Esztergom sowie Rundfahrten von der Anlegestelle am Vigadó tér an (Straßenbahn 2).

## TAXI

Taxis haben gelbe Nummern-schilder und müssen mit Taxa-meter ausgestattet sein. Es gibt in Budapest zu viele Taxis und leider auch unehrliche Taxifah-rer. Die Tarife schwanken, liegen bei korrekter Abrechnung aber unter westlichem Niveau. Die zuverlässigsten Unternehmen:
Főtaxi, *Tel. 222 22 22, gebührenfrei 06/80/22 22 22*
City Taxi, *Tel. 211 11 11*
Rádiótaxi, *Tel. 377 77 77*
Budataxi, *Tel. 233 33 33*
Tele 5 Taxi, *Tel. 355 55 55*
Taxi 2000, *Tel. 200 00 00, gebührenfrei 06/80/20 00 00*
6×6 Volántaxi, *Tel. 266 66 66*

## TELEFON

Öffentliche Fernsprecher funk-tionieren meist mit Telefonkar-ten, die in Postämtern, Zeitungs-kiosken, Metrostationen, Tank-stellen etc. zu 50 oder 120 Ein-heiten erhältlich sind. Selten, dafür oft kaputt sind Münzfern-sprecher (Münzen zu 20, 50 und 100 Ft.). Mobiltelefone funktio-nieren mit den SIM-Karten so gut wie aller westlichen Netzbe-treiber, da die drei (datenfähigen) ungarischen Netze (Westel, Pan-non, Vodafone) über weltweite Roaming-Verträge verfügen.
Telefonnummern in Budapest haben sieben Stellen, Stadtvor-wahl ist die 1. Für Ferngespräche innerhalb Ungarns oder in die nationalen Mobiltelefonnetze ist zunächst immer 06, dann die Stadtvorwahl *(körzetiszám)* oder die Netzvorwahl zu wählen. Für Anrufe ins Ausland ist zunächst die 00, nach dem Wählton die Län-dervorwahl zu wählen (Deutsch-land 49, Österreich 43, Schweiz 44). Vorwahl Ungarn: 0036, Vor-wahl Budapest: 0036/1.

## TRINKGELD

Restaurantpreise beinhalten nicht immer die Bedienungsgebühr, üblich ist ein Trinkgeld *(borravaló)* von 10 Prozent bei gutem Service. Beim Friseur, bei der Kosmeti-kerin, in Taxis und anderen Dienstleistungsbereichen ist eben-falls ein Trinkgeld von etwa 10 Prozent üblich. An Tankstellen sind bis zu 50 Ft. die Regel, bei gutem Service auch 100 Ft.

## ZEIT

In Budapest gilt wie in ganz Un-garn die Mitteleuropäische Zeit (MEZ).

## ZEITUNGEN

Internationale Presse vom Tage ist an Kiosken in der Innenstadt (Vörösmarty tér, Váci utca) und in den großen Hotels erhältlich. Aktuelle Programmhinweise bie-ten die deutschsprachigen Wo-chenzeitungen »Neuer Pester Lloyd« und »Budapester Zeitung« sowie die englischsprachige Wo-chenzeitung »Budapest Sun«.

## ZIMMERNACHWEIS/ PRIVATUNTERKÜNFTE

Ein Verzeichnis der gut 30 Pen-sionen Budapests hält das *Panzió Centrum (Verband der Pensionen, XII., Szarvas Gábor út 24, Tel. 200 88 70/1, Fax 200 88 69, Bus 28, 156)* bereit. Auskünfte ertei-len außerdem *Budapest Tourist (V., Roosevelt tér 5, Tel. 318 66 00, 318 14 53, Straßenbahn 2; VII., Ba-*

*ross tér 3, Tel. 333 73 99, 333 89 81, U-Bahn 2: Keleti pályaudvar); Cassandra Reisen (V., Molnár utca 53, Tel. 266 60 23, 266 97 29, U-Bahn 3: Ferenciek tere); Ibusz (VII., Baross tér 11/B, Tel. 341 51 62, 322 18 11, U-Bahn 2: Keleti pályaudvar).*

## ZOLL

Zollfrei bei der Einreise sind persönliche Gegenstände und Geschenke, 250 Zigaretten oder 50 Zigarren oder 250 g Tabak, 1 l Spirituosen, 2 l Wein, Devisen in unbegrenzter Menge. Zollfrei bei der Ausreise: Tabak und Alkohol in der gleichen Menge wie bei der Einreise, dazu Geschenke und persönliche Gegenstände im Wert bis zu 270 000 Ft. Für Kunstgegenstände/Antiquitäten ist eine Ausfuhrgenehmigung erforderlich. Freimengen in die EU und die Schweiz: 200 Zigaretten oder 50 Zigarren oder 250 g Tabak, 1 l Alkohol über und 2 l Alkohol unter 22 (Schweiz: 15) Prozent, 50 g Parfum oder 250 g Eau de Toilette, Geschenkartikel bis zu einem Gesamtwert von 175 Euro (Schweiz: 100 Franken).

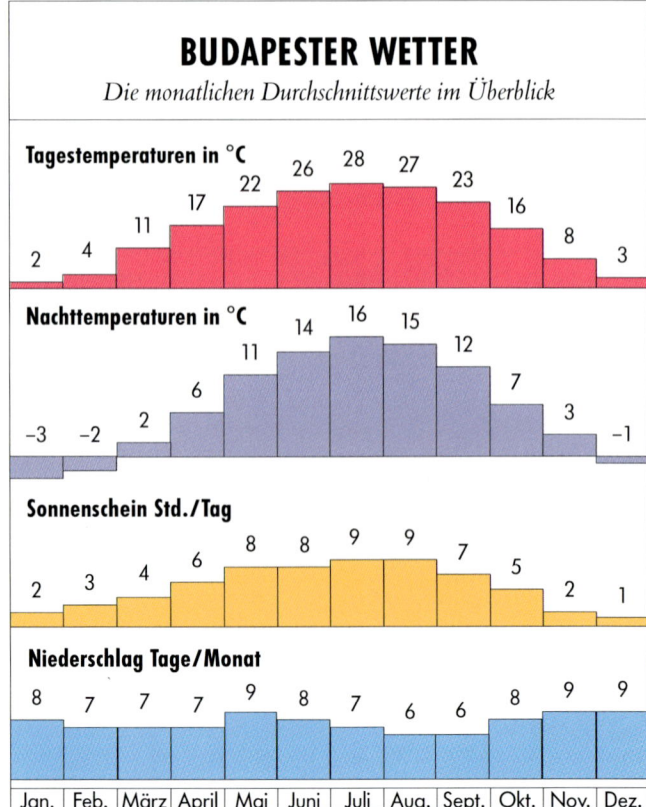

# BUDAPESTER WETTER
*Die monatlichen Durchschnittswerte im Überblick*

**Tagestemperaturen in °C**
2  4  11  17  22  26  28  27  23  16  8  3

**Nachttemperaturen in °C**
-3  -2  2  6  11  14  16  15  12  7  3  -1

**Sonnenschein Std./Tag**
2  3  4  6  8  8  9  9  7  5  2  1

**Niederschlag Tage/Monat**
8  7  7  7  9  8  7  6  6  8  9  9

| Jan. | Feb. | März | April | Mai | Juni | Juli | Aug. | Sept. | Okt. | Nov. | Dez. |

# Bloß nicht!

*Budapest ist eine sichere Stadt –
sofern man gegen einige Grundregeln nicht verstößt*

### Das Auto unbewacht abstellen

Das erste Gebot bei der Anreise nach Budapest mit dem Auto lautet: Ohne elektronische Wegfahrsperre und Alarmanlage ist das Diebstahlrisiko nicht zu kalkulieren. Gestohlen werden in Budapest grundsätzlich alle Automarken. Neuwagen vor allem deutscher Hersteller werden von internationalen Hehlerbanden sofort außer Landes geschafft. Ältere Wagen dienen den Diebesbanden als Ersatzteillager für den ungarischen Markt. Wer mit dem eigenen Auto anreist, sollte dieses auf einem sicheren Parkplatz abstellen und dort für die Dauer seines Aufenthaltes stehen lassen.

### Das Verkehrschaos unterschätzen

Luftverschmutzung und Parkplatznot sprechen ebenso gegen die Benutzung des eigenen Autos zur Stadtbesichtigung und selbst zum Abendprogramm wie das ausgezeichnete Netz öffentlicher Verkehrsmittel. Hinzu kommt, dass die Budapester im Allgemeinen schlechte Autofahrer sind. Zwar haben die meisten inzwischen westliche Autos, aber bei der Umsicht und der Reaktionsschnelligkeit sind sie dem langsameren Rhythmus der alten sozialistischen Zeiten verhaftet geblieben. Fußgänger und Radfahrer werden als die schwächeren Verkehrsteilnehmer in aller Regel rücksichtslos behandelt, auch an Fußgängerüberwegen und auf den wenigen Radwegen.

### Sich zum Geldtausch überreden lassen

Seit die Ungarische Nationalbank Mitte der Neunzigerjahre die regelmäßige Abwertung des Forint eingeführt hat, gibt es keinen nennenswerten Unterschied mehr zwischen den von Banken und Wechselstuben angebotenen Wechselkursen und den Kursen auf dem illegalen Geldmarkt. Deshalb sind Angebote auf der Straße, in Restaurants oder sonstwo, Devisen besonders günstig zu tauschen, in jedem Fall abzulehnen. Die Betrüger geben Falschgeld oder »verzählen« sich virtuos zu ihren Gunsten.

### Taschendieben ein leichtes Spiel ermöglichen

Budapest ist im Vergleich zu anderen europäischen Großstädten eine relativ sichere Stadt. In Gegenden, die stark von Touristen frequentiert werden, in öffentlichen Verkehrsmitteln, Geschäften und auf Märkten ist aber Vorsicht vor Taschendieben geboten. Manche Trickdiebe treten auch in Gruppen auf.

# Sprechen und Verstehen ganz einfach

Zur Erleichterung der Aussprache sind alle ungarischen Wörter mit einer einfachen Aussprache (in eckigen Klammern) versehen.

## AUF EINEN BLICK

| | |
|---|---|
| Ja./Nein. | Igen. [igän]/Nem. [näm] |
| Vielleicht. | Talán. [tollahn] |
| Bitte. | Kérem. [kehräm] |
| Danke. | Köszönöm. [kössönöm] |
| Gern geschehen. | Szívesen. [ssihwäschän] |
| Entschuldigung! | Bocsánat! [botschahnott] |
| Wie bitte? | Tessék? [täschschehk] |
| Ich verstehe Sie nicht. | Nem értem. [näm ehrtäm] |
| Ich spreche nur wenig … | Csak egy kicsit beszélek … |
| | [tschock ädj kitschit bässehläk …] |
| Sprechen Sie … | Beszél … [bässehl] |
| Deutsch? | németül? [nemätül] |
| Englisch? | angolul? [ongolul] |
| Schreiben Sie es mir | Kérem írja fel! |
| bitte auf! | [kehräm ihrjo fäl] |
| Können Sie mir bitte | Tudna nekem segíteni kérem? |
| helfen? | [tudno näkäm schägihtäni kehräm] |
| Ich möchte … | Szeretnék … [ssärätnehk …] |
| Das gefällt mir (nicht). | Ez (nem) tetszik. [äs (näm) tätzik] |
| Haben Sie …? | Van …? [wonn …] |
| Wie viel kostet es? | Mennyibe kerül? [männjibä kärül] |
| Wie viel Uhr ist es? | Hány óra (van)? [hahnj ohro (wonn)] |

## KENNENLERNEN

| | |
|---|---|
| Guten Morgen! | Jó reggelt! [joh räggält] |
| Guten Tag! | Jó napot! [joh noppot] |
| Guten Abend! | Jó estét! [joh äschteht] |
| Grüß dich!/Grüß euch! | Szia!/Sziasztok! [ssio/ssiosstok] |
| Es freut mich, Sie | Örülök, hogy megismerhetem. |
| kennen zu lernen. | [örülök hodj mägischmärhätäm] |
| Wie geht es Ihnen/dir? | Hogy van/vagy? [hodj wonn/woddj] |
| Danke. Und Ihnen/dir? | Köszönöm. És Ön/te? |
| | [kössönöm ehsch ön/tä] |
| Auf Wiedersehen! | Viszontlátásra! [wissontlahtahschro] |
| Tschüss! | Szia/Sziasztok! [ssio/ssiosstok] |
| Bis bald!/Bis später! | Viszlát! [wisslaht] |

## Auskunft

| | |
|---|---|
| links/rechts | balra [bollro]/jobbra [jobbro] |
| geradeaus | egyenes(en) [ädjänäsch(än)] |
| nah/weit | közel [kösäl]/messze [mässä] |
| Bitte, wo ist …? | Hol van kérem a(z) … ? |
| | [hol wonn kehräm o(s) …] |
| Wie weit ist das? | Milyen messze van? |
| | [mijän mässä wonn] |
| Sie können … nehmen. | Mehet … [mähät] |
| den Bus | busszal. [bussoll] |
| die Straßenbahn | villamossal. [willommoschscholl] |
| die U-Bahn | metróval [mätrohwoll] |

## Panne

| | |
|---|---|
| Ich habe eine Panne. | Defektem van. [däfäktäm wonn] |
| Würden Sie mir bitte einen Abschleppwagen schicken? | Tudna nekem egy vontatókocsit küldeni? [tudno näkäm ädj wontottohkotschit küldäni] |
| Wo ist hier in der Nähe eine Werkstatt? | Hol van itt a közelben egy műhely? [hol wonn itt o kösälbän ädj mühhäj] |

## Tankstelle

| | |
|---|---|
| Wo ist bitte die nächste Tankstelle? | Hol (van) a legközelebbi benzinkút? [hol (wonn) o läckösäläbbi bänsinkuht] |
| Ich möchte … Liter … | … liter … kérek. [… litär … kehräk] |
| Normalbenzin. | normálbenzint [norrmahlbänsint] |
| Super. | szupert [ssupärt] |
| Diesel. | dízelt [dihsält] |
| bleifrei. | ólommenteset [ohlommäntäschät] |
| mit … Oktan. | … oktánszámút […oktahnssahmuht] |
| Voll tanken, bitte. | Tele kérem. [tälä kehräm] |

## Unfall

| | |
|---|---|
| Hilfe! | Segítség! [schägihtschehg] |
| Achtung! | Figyelem! [fidjäläm] |
| Vorsicht! | Vigyázat! [widjahsott] |
| Rufen Sie bitte schnell … | Hívjon gyorsan … [hihwjon djorschonn] |
| … einen Krankenwagen. | … mentőt. [mäntöht] |
| … die Polizei. | … a rendőrséget. [o rändöhrschehgät] |
| … die Feuerwehr. | … a tűzoltókat. [o tühsoltohkott] |
| Es war meine Schuld. | Én vagyok a hibás. [ehn woddjok o hibahsch] |
| Es war Ihre Schuld. | Ön a hibás [ön o hibahsch] |
| Geben Sie mir bitte Ihren Namen und Ihre Anschrift! | Adja meg kérem a nevét és a címét. [oddjo mäg kehräm o näweht ehsch o zihmeht] |

Wo gibt es hier … | Hol van itt … [hol wonn itt]
… ein gutes Restaurant? | … egy jó étterem? [ädj joh ehttäräm]
… ein nicht zu teures Restaurant? | … egy nem túl drága étterem? [ädj näm tuhl drahgo ehttäräm]
Gibt es hier eine gemütliche Kneipe? | Van itt valahol egy nyugodt, hangulatos kocsma? [wonn itt wollohol ädj njugott honngulottosch kotschmo]

Reservieren Sie uns bitte für heute Abend einen Tisch für 4 Personen. | Foglaljon kérem nekünk ma estére egy asztalt négy személyre. [foglaljon kehräm näkünk mo äschtehrä ädj osstollt nehdj ssämehjrä]

Bitte bringen Sie uns … | Kérem hozzon nekünk … [kehräm hosson näkünk]
… Gabel | … villa [willo]
… Löffel | … kanál [konnahl]
… Messer | … kés [kehsch]
Auf Ihr Wohl! | Egészségére! [ägehschschehgehrä]
Bezahlen, bitte. | Fizetek, kérem. [fisäták kehräm]
Bitte alles zusammen. | Kérem az egészet egybe számolni. [kehräm os ägehssät ädjbä ssahmolni]

Getrennte Rechnungen, bitte. | Külön számlát kérünk. [külön ssahmlaht kehrünk]
Hat es geschmeckt? | Ízlett? [ihslätt]
Das Essen war ausgezeichnet. | Az étel kitűnő volt. [os ehtäl kitühnöh wolt]
Wo kann man hier tanzen gehen? | Hol lehet itt táncolni? [hol lähät itt tahnzolni]

Können Sie mir bitte … empfehlen? | Tudna ajánlani egy … [tudno ojjahnlonni ädj]
… ein gutes Hotel | … jó szállodát? [joh ssahllodaht]
… eine Pension | … panziót? [ponnsioht]
Haben Sie noch Zimmer frei? | Van még szabad szobájuk? [wonn mehg ssobbodd ssobahjuk]
ein Einzelzimmer | egy egyágyas szobát [ädj äddjahdjosch ssobaht]
ein Zweibettzimmer | egy kétágyas szobát [ädj kehtahdjosch ssobaht]
mit Bad | fürdőszobával [fürdöhssobahwoll]
für eine Nacht | egy éjszakára [ädj ehjssockahro]
für eine Woche | egy hétre [ädj hehträ]
Was kostet das Zimmer mit …? | Mennyibe kerül a szoba …? [männjibä kärül o ssobo]
… Frühstück | … reggelivel [räggäliwäl]
… Halbpension | … félpanzióval [fehlponnsiohwoll]

94

### Arzt

Können Sie mir einen guten Arzt empfehlen?
Tud nekem egy jó orvost ajánlani? [tud näkäm ädj joh orwoscht ojjahnlonni]

Ich habe hier Schmerzen.
Itt fáj. [itt fahj]

### Bank

Wo ist hier bitte eine Bank?
Hol van itt kérem egy bank? [hol wonn itt kehräm ädj bonnk]

Ich möchte ... DM (Schilling, Schweizer Franken) in Forint wechseln.
Szeretnék ... márkát (schillinget/svájci frankot) forintra átváltani. [ssärätnehk ... mahrkaht (schillingät/ schwahjzi fronnkot) forintro ahtwahltonni]

### Post

Was kostet ...
Mibe kerül ... [mibä kärül ...]

... ein Brief ...
... egy levél ... [... ädj läwehl ...]

... eine Postkarte ...
... egy levelezőlap ... [... ädj läwäläsöhlopp ...]

... nach Deutschland?
... Németországba? [nehmätorssahgbo]

Briefmarke
bélyeg [behjäg]

---

## Zahlen

| | | | |
|---|---|---|---|
| 0 | nulla [nullo] | 21 | huszonegy [hussonädj] |
| 1 | egy [äddj/ädj] | 22 | huszonkettő/huszonkét |
| 2 | kettő két [kättöh/keht] | | [hussonkättöh/ hussonkeht] |
| 3 | három [hahrom] | 30 | harminc [horrminz] |
| 4 | négy [nehdj] | 40 | negyven [nädjwän] |
| 5 | öt [öt] | 50 | ötven [ötwän] |
| 6 | hat [hott] | 60 | hatvan [hottwonn] |
| 7 | hét [heht] | 70 | hetven [hätwän] |
| 8 | nyolc [njolz] | 80 | nyolcvan [njolzwonn] |
| 9 | kilenc [kilänz] | 90 | kilencven [kilänzwän] |
| 10 | tíz [tihs] | 100 | száz [ssahs] |
| 11 | tizenegy [tisänädj] | 101 | százegy [ssahsädj] |
| 12 | tizenkettő/tizenkét | 200 | kétszáz [kehzsahs] |
| | [tisänkättöh/tisänkeht] | 300 | háromszáz [hahromssahs] |
| 13 | tizenhárom [tisänhahrom] | 1 000 | ezer [äsär] |
| 14 | tizennégy [tisännehdj] | 2 000 | kétezer [kehtäsär] |
| 15 | tizenöt [tisänöt] | 10 000 | tízezer [tihsäsär] |
| 16 | tizenhat [tisänhott] | | |
| 17 | tizenhét [tisänheht] | 1/2 | fél [fehl] |
| 18 | tizennyolc [tisännjolz] | 1/3 | (egy) harmad [(ädj) horrmodd] |
| 19 | tizenkilenc [tisänkilänz] | 1/4 | (egy) negyed [(ädj) nädjäd] |
| 20 | húsz [huhss] | 3/4 | háromnegyed [hahromnädjäd] |

# Étlap
## Speisekarte

| REGGELI | FRÜHSTÜCK |
|---|---|
| feketekávé [fäkätäkahweh] | schwarzer Kaffee |
| tejeskávé [täjäschkahweh] | Milchkaffee |
| tea tejjel [täo täjjäl] | Tee mit Milch |
| tea citrommal [täo zitrommoll] | Tee mit Zitrone |
| lágytojás [lahdjtojahsch] | weiches Ei |
| rántotta [rahntotto] | Rührei |
| szalonnás rántotta [ssollonnahsch rahntotto] | Eier mit Speck |
| kenyér/zsemle/pirítós [känjehr/schämlä/pirihtohsch] | Brot/Brötchen/Toast |
| kifli [kifli] | Hörnchen |
| vaj [wojj] | Butter |
| sajt [schojjt] | Käse |
| kolbász [kolbahss] | Wurst |
| sonka [schonko] | Schinken |
| méz [mehs] | Honig |
| lekvár [läkwahr] | Marmelade |
| müzli [müsli] | Müsli |
| joghurt [joghurt] | Joghurt |
| gyümölcs [djümöltsch] | Obst |

| ELŐÉTELEK ÉS LEVESEK | VORSPEISEN UND SUPPEN |
|---|---|
| bableves [bobbläwäsch] | Bohnensuppe |
| burgonyaleves [burgonjolläwäsch] | Kartoffelsuppe |
| disznósajt [dissnohschojjt] | Presswurst |
| erőleves [äröhläwäsch] | Bouillon |
| hortobágyi palacsinta [hortobahdji pollottschinto] | Palatschinken mit Fleischfüllung |
| libamájpástétom [libommahjpahschtehtom] | Gänseleberpastete |
| májgombócleves [mahjgombohzläwäsch] | Leberknödelsuppe |
| olajos szardínia [olojjosch ssorrdihnio] | Ölsardinen |
| töltött paradicsom [töltött porrodditschom] | gefüllte Tomaten |
| velőrózsa rántva [wälöhrohscho rahntwo] | gebratenes Hirn |
| velőscsont pirítóssal [wälöhschtschont pirihtohschscholl] | Markknochen mit Toast |
| zöldségleves [söldschehgläwäsch] | Gemüsesuppe |

## HÚSÉTELEK ÉS SZÁRNYAS — FLEISCH UND GEFLÜGEL

| | |
|---|---|
| báránypaprikás [bahrahnjpopprikahsch] | Lammpaprika mit Sauerrahm |
| bécsi szelet [behtschi ssälät] | Wiener Schnitzel |
| bélszínjava [behlssihnjowwo] | Beefsteak |
| birkapörkölt [birkoppörkölt] | Schafsgulasch |
| borjúpaprikás [borjuhpopprikahsch] | Kalbsgulasch mit Rahmsoße |
| csirke [tschirkä] | Hähnchen |
| főtt marhahús [föhtt morrhohuhsch] | gekochtes Rindfleisch |
| hagymás rostélyos [hoddjmahsch roschtehjosch] | Zwiebelrostbraten |
| (vad)kacsa [(wodd)kottscho] | (Wild)ente |
| (vad)liba [(wodd)libo] | (Wild)gans |
| naturszelet [notturssälät] | Naturschnitzel |
| pirított máj [pirihtott mahj] | geschnetzelte Leber |
| pulyka [pujko] | Truthahn |
| sertéskaraj [schärtehschkorrojj] | Schweinekotelett |
| sült kolbász [schült kolbahss] | Bratwurst |
| vagdalt [woggdollt] | Hackfleisch, Frikassee |

## NEMZETI ÉTELEK — NATIONALGERICHTE

| | |
|---|---|
| bográcsgulyás [bograhtschgujahsch] | Kesselgulasch |
| csirkepaprikás [tschirkäpopprikahsch] | Paprikahähnchen mit Sauerrahmsoße |
| gulyásleves [gujahschläwäsch] | Gulaschsuppe |
| Gundel palacsinta [gundäl pollottschinto] | Palatschinken mit Nussfüllung und Schokoladensoße |
| halászlé [hollahssleh] | scharfe Fischsuppe |
| hideg meggyleves [hidäg mäddjläwäsch] | kalte Sauerkirschsuppe |
| káposztás kocka [kahposstahsch kozko] | Krautfleckchen |
| kapros-túrós rétes [kopprosch tuhrohsch rehtäsch] | Quarkstrudel mit Dill |
| lecsó [lätschoh] | gekochte Paprikaschoten, Tomaten und Zwiebeln |
| máglyarakás [mahgjorrockahsch] | Semmelschmarren mit Äpfeln |
| somlói galuska [schomlohi golluschko] | Schomlauer Nockerl |
| töltött káposzta [töltött kahpossto] | mit Fleisch gefülltes Kraut |
| töltött paprika [töltött poppriko] | mit Fleisch gefüllte Paprikaschoten |
| túrós csusza pirított szalonnával [tuhrohsch tschusso pirihtott ssollonnahwoll] | Topfennudeln mit saurer Sahne und Grieben |

## HALAK

## FISCHE

| | |
|---|---|
| angolna [onngolno] | Aal |
| csuka [tschuko] | Hecht |
| fogas/süllő [fogosch/schüllöh] | Zander |
| lazac [losoz] | Lachs |
| pisztráng [pisstrahng] | Forelle |
| ponty [pontj] | Karpfen |
| tonhal [tonholl] | Thunfisch |

## ZÖLDSÉG ÉS KÖRETEK

## GEMÜSE UND BEILAGEN

| | |
|---|---|
| bab [bobb] | Bohnen |
| borsó [borschoh] | Erbsen |
| fejes saláta [fäjäsch schollahto] | Kopfsalat |
| fokhagyma [fokhoddjmo] | Knoblauch |
| főtt burgonya [föhtt burgonjo] | Salzkartoffeln |
| galuska [golluschko] | Nockerln |
| gomba [gombo] | Pilze |
| (zsemle)gombóc [(schämlä)gombohz] | (Semmel-)Knödel |
| hagyma [hoddjmo] | Zwiebel |
| hasábburgonya [hoschahbburgonjo] | Pommes frites |
| káposzta [kahpossto] | Kohl |
| karfiol [korrfiol] | Blumenkohl |
| kelbimbó [kälbimboh] | Rosenkohl |
| kelkáposzta [kälkahpossto] | Wirsing |
| lencse [läntschä] | Linsen |
| paprika [poppriko] | Paprika |
| paradicsom [porrodditschom] | Tomaten |
| póréhagyma [pohrehhoddjmo] | Porree |
| rizs [risch] | Reis |
| sárgarépa [schahrgorrehpo] | Karotten |
| spagetti [schpoggätti] | Spaghetti |
| sparga [schpahrgo] | Spargel |
| sült burgonya [schült burgonjo] | Bratkartoffeln |
| vegyes saláta [wädjäsch schollahto] | gemischter Salat |

## ESZPRESSZÓ

## CAFÉ

| | |
|---|---|
| dobostorta [doboschtorto] | Dobostorte (aus sechs Schichten Biskuitteig, mit Schokoladencreme und Karamellglasur) |
| fagylaltkehely [foddjlolltkähäj] | Eisbecher |
| gyümölcssaláta [djümöltschschollahto] | Obstsalat |
| piskótaszelet [pischkohtossälät] | Sandtorte |
| sütemény [schütämehnj] | Kuchen |
| teasütemény [täoschütämehnj] | Teegebäck |
| tejszínhab [täjssihnhobb] | Sahne |

# Itallap
## Getränkekarte

| BOROK | WEIN |
|---|---|
| asztali bor [osstolli bor] | Tafelwein |
| édes [ehdäsch] | lieblich |
| fröccs [fröttsch] | Gespritzter, Schorle |
| könnyű [könnjüh] | leicht |
| pezsgő [päschgöh] | Champagner, Sekt |
| száraz/fanyar [ssahros/fanjorr] | trocken |

| FEHÉR BOROK | WEISSWEINE |
|---|---|
| egri leányka [ägri läahnjko] | Erlauer Mädchentraube |
| ezerjó [äsärjoh] | Tausendgut |
| kéknyelű [kehknjälüh] | Blaustengler |
| muskotály [muschkotahj] | Muskateller |
| olaszrizling [olossrisling] | Welschriesling |
| szürkebarát [ssürkäborraht] | Graumönch |
| tokaji [tokojji] | Tokajer |
| zöldszilváni [söldssilwahni] | Grünsilvaner |

| VÖRÖS BOROK | ROTWEINE |
|---|---|
| egri bikavér [ägri bikowwehr] | Erlauer Stierblut |
| kékfrankos [kehkfronnkosch] | Blaufränkler |

| SZESZES ITALOK | ALKOHOLISCHE GETRÄNKE |
|---|---|
| sör [schör] | Bier |
|    pohár [pohahr] |    Glas |
|    korsó [korschoh] |    kleiner Krug |
|    üveg [üwäg] |    Flasche |
| gyomorkeserű [djomorkäschärüh] | Magenbitter |
| kisüsti [kischüschti] | Hausgebrannter |
| pálinka [pahlinko] | Schnaps |

| ALKOHOLMENTES ITALOK | ALKOHOLFREIE GETRÄNKE |
|---|---|
| almalé [ollmolleh] | Apfelsaft |
| (ásvány)víz [(ahschwahnj)wihs] | (Mineral)wasser |
| gyümölcslé [djümöltschleh] | Fruchtsaft |
| narancslé [norronntschleh] | Orangensaft |
| paradicsomlé [porrodditschomleh] | Tomatensaft |
| szódavíz [ssohdowwihs] | Sodawasser |

# LEGENDE CITYATLAS

| | |
|---|---|
| **M1** | Autobahn mit Nummer / Motorway with number |
| **12** | Schnellstraße/Bundesstraße / Motor highway/Federal road |
| | Hauptstraße / Mainroad |
| | Übrige Straßen/Weg / Other roads/Footpath |
| | Straßen in Bau/Planung / Roads under construction/projected |
| | Fußgängerzone/Einbahnstraße / Pedestrian zone/One-way street |
| | Eisenbahn mit Bahnhof / Railway with station |
| **HÉV Árpád híd** | Vorortbahn mit Bahnhof / Suburban railway with station |
| **M Déli pu.** | U-Bahn/Stadtbahn / Underground/Light Rail |
| **42 4** | Bus/Straßenbahn mit Endhaltestelle / Bus/Tramway with terminus |
| **10** | Trollybus mit Haltestelle / Trolley bus with stop |
| | Personenfähre/Autofähre / Passenger ferry/Car ferry |
| | Friedhof / Cemetery |

| | |
|---|---|
| **i** | Tourist-Information / Tourist information centre |
| **S E** | Krankenhaus/Schule / Hospital/School |
| | Kirche/Synagoge/Moschee / Church/Synagogue/Mosque |
| | Jugendherberge/Hotel / Youth hostel/Hotel |
| | Post / Post office |
| | Theater/Museum / Theatre/Museum |
| | Zoologischer Garten / Zoological garden |
| | Botanischer Garten / Botanical garden |
| | Denkmal/Turm / Monument/Tower |
| **CD** | Botschaft / Embassy |
| **P P P** | Parkplatz/Parkhaus/Tiefgarage / Car park/Parking house/Underground car park |
| | Hallenbad/Freibad / Indoor swimming pool/Open-air bath |
| | Wald/Park / Forest/Park |

**Marco Polo Spaziergänge**

**1** Der Budaer Burgberg

**2** Spuren jüdischen Lebens – die Elisabethstadt

# Cityatlas Budapest

*Die Seiteneinteilung für den Cityatlas finden Sie
auf dem hinteren Umschlag dieses Reiseführers*

A

B

C

Halász u.

200 m

Népjóléti Min.

Arany János

Oktober 6.

i

Főva

Magyar Tudományos Akadémia

Vigyázo F.

Munkaügyi Min.

Zrínyi

BM Duna Palota

Pala

Jégverem

Széchenyi István

Roosevelt tér

Gresham palota

Mérleg

Hild tér

Belügyminisztérium

Széchenyi lánchíd

16·105

József Attila

Deák Ferenc

Clark Ádám tér

Lánchíd

Várkert

Pénzügym.

Dorottya

József nádor

József nádor tér

Eötvös József

Történeti Múz.

Savoyai Jenő

Magy. Nemzeti Galéria

Eötvös tér

Nagy Britannia és Észak- Irország Egy. Királyság

CD

Vörösmarty tér

M

Belgrád

Apáczai Csere

Duna

Harmin

Ybl

Ybl Miklós

Szende

Vigadó

Vörösmarty tér

Tőzs

Miklós

Bud. Történeti Múzeum tér

Vigadó János

tér

Deák F. u.

Váci

Ferdinánd-kapu

Várkert

Vigadó téri hajóállomás

Sándor Móric

Korzó

Orvostörténeti

Petőfi

Aprod u.

Fogas u.

Döbrentei

Fátyol u.

Petőfi Sándor tér

Szarvas tér

Hegedüs k.

rakpart

M

Be.

Tabán

krt.

út

Döbrentei tér

Erzsébet hid

78·112

Kereszt

Hegyalja

Hadnagy

Rác

Döbrentei tér

Erzsébet királyné

5·7·7A·8

út

Gellért-hegy

Szt-Gellért lépcső

Rudas

Szent

Orom

Szirom

Antal

Szt. Gellért

Citadella sétány

Szirtes út

Cita-

Citadella

della sétány

Szabadság szobor

Berc

CD

Egyiptomi Arab

Jubileumipark

Gellér

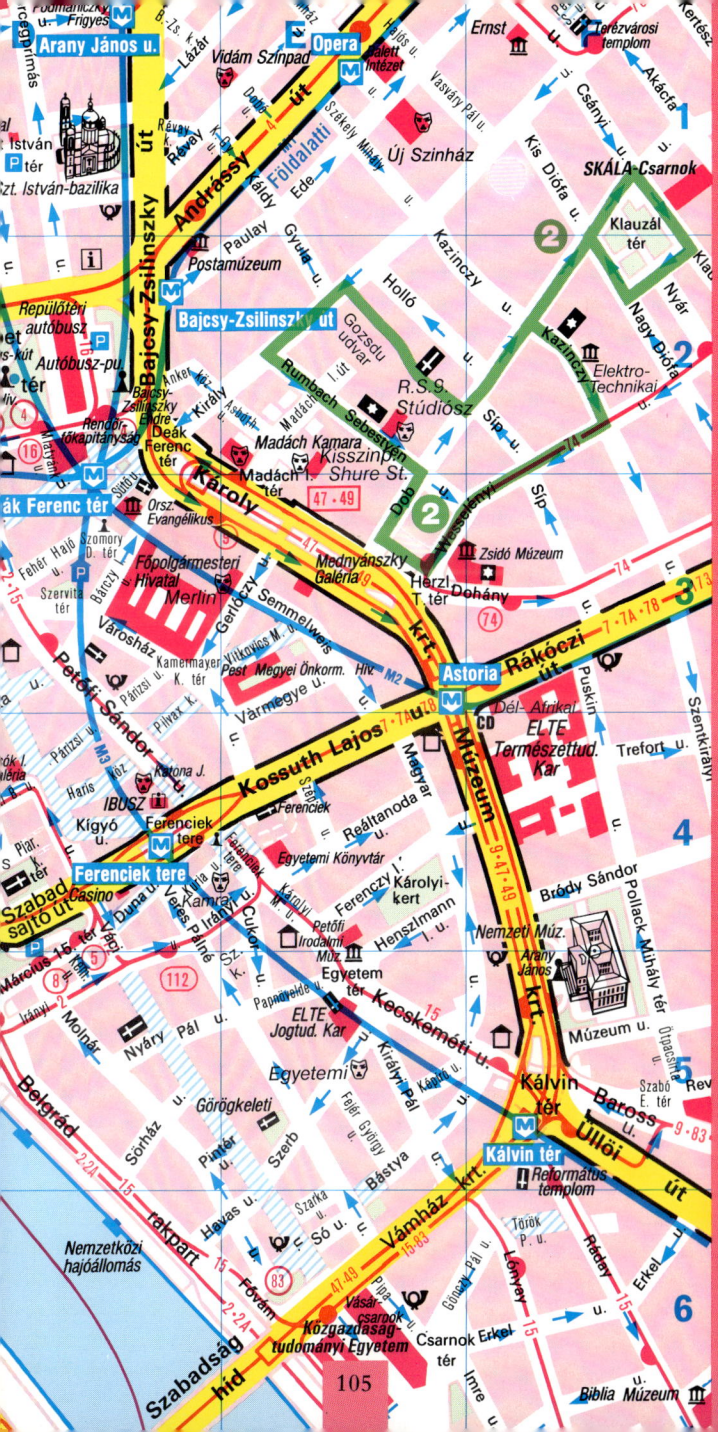

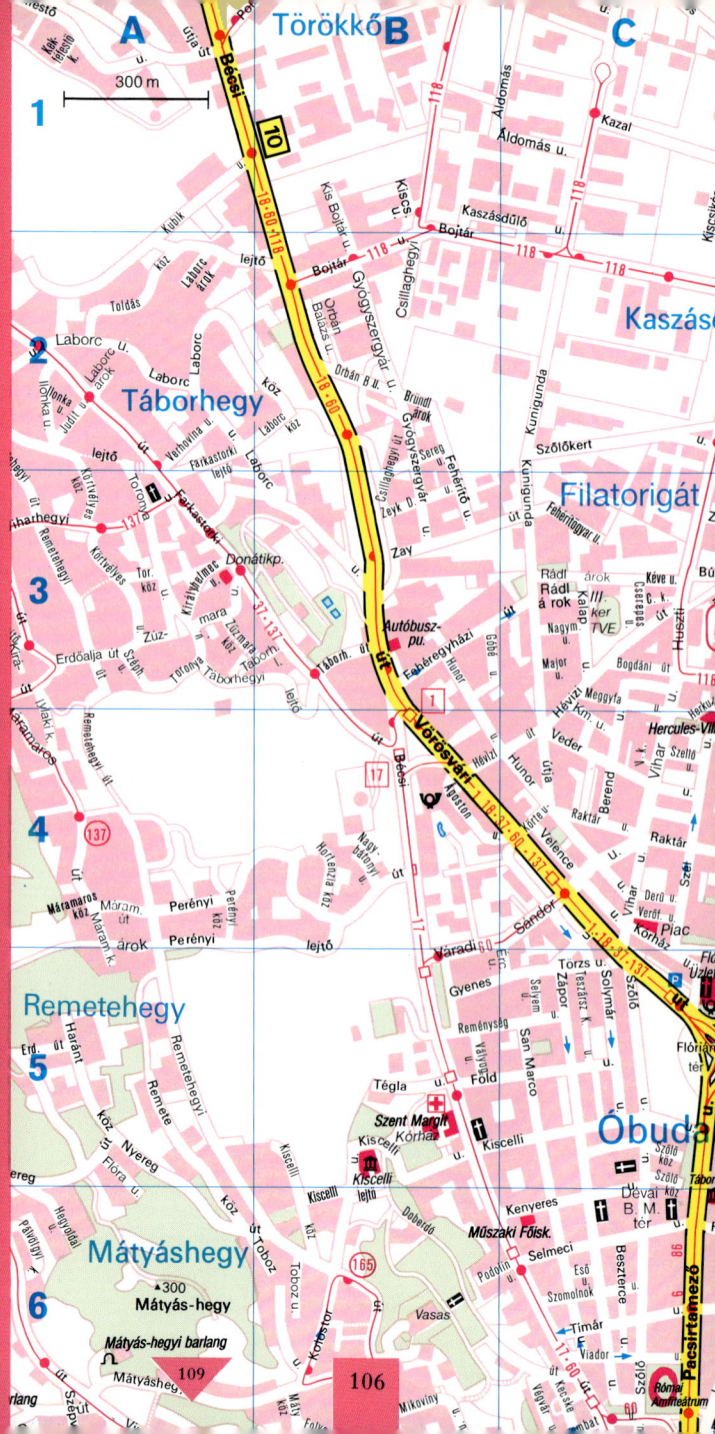

Keled

Aquincumi

Gázos u.

Aquincum

Kazal
Búza
Harang

Zábony

Boglya
Pethe F. tér
Apát
Köles
Búza

Kaszásdülő

Reményi E. u.

Benedek Elek u.

Vajda J.

Mozaik

Filatorigát

Ladik

Bogdáni út
Matróz
Akác k.

Buvár u.
Folyamőr

Miklós Sorompó
tér

Laktanya

Óbudai

rakpart

Május 9. park

Óbudai-

sziget

Nép-
sziget

Népsziget

Meder

Duna

Turóc

Cserhalom

1 = Thermae Maiores
2 = Lakásmúzeum
3 = Helytört., Kassák Múzeum, Térszinhaz
4 = Vasarely Múzeum
5 = Varga Imre Gyűjt.
6 = Ugray Gyorgy Gyűjt.

Miklós
Vörösk.
III. ker. Polg. Hiv.
Fő Ha u.
tér
Szentlélek
tér

Árpád híd

18 · 34
37 · 42
137

Óbudai
plébánia-
templom

Epiteszeti

Árpád

híd

Dagály

Bodor

Dagály

Turbin

Róbert Károly krt

József

Esztergomi

Finkás Frigyes

Váci út

5

6

106
133

Textil

Tímár u.

Zenélő kút

Jápán-
kert

107

110

P+R
Autóbusz-
pu.

Árpád

sétány

Róbert Károly krt

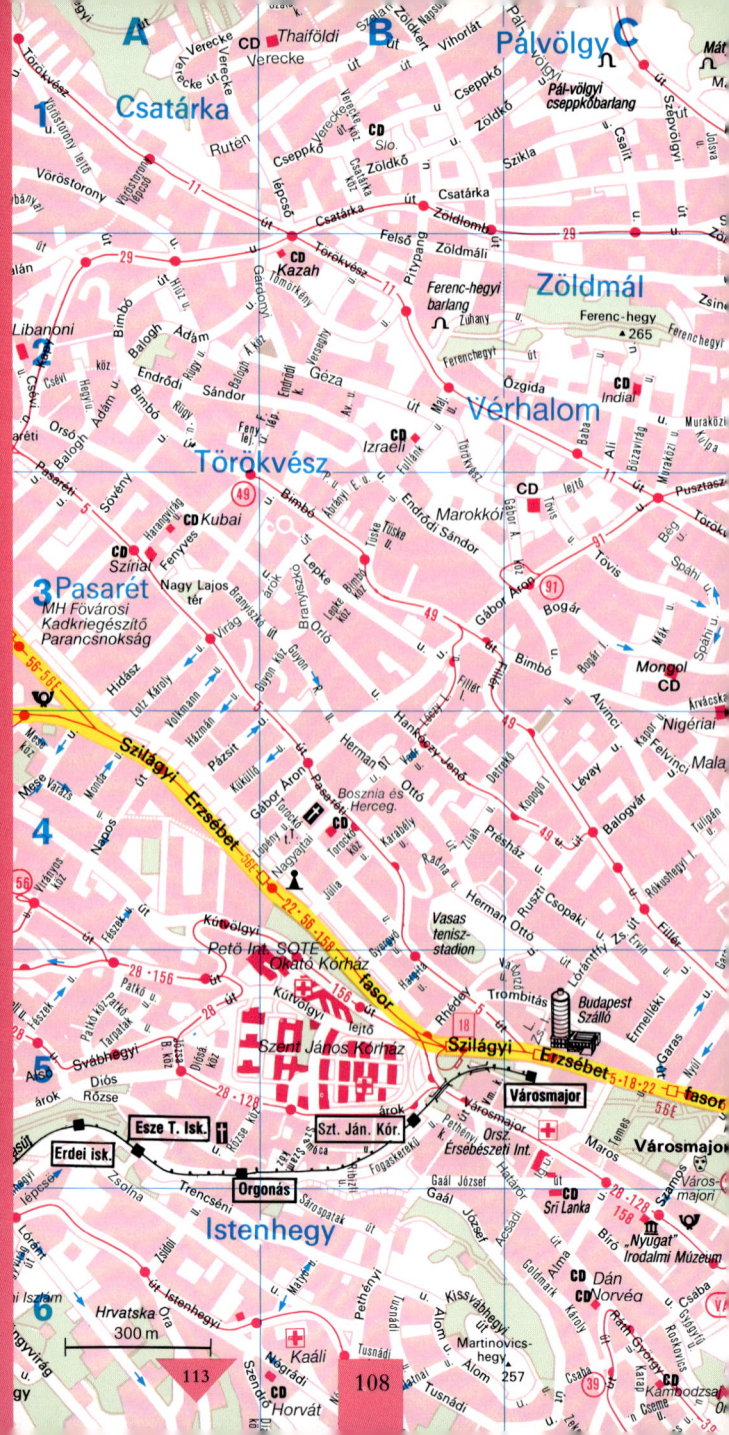

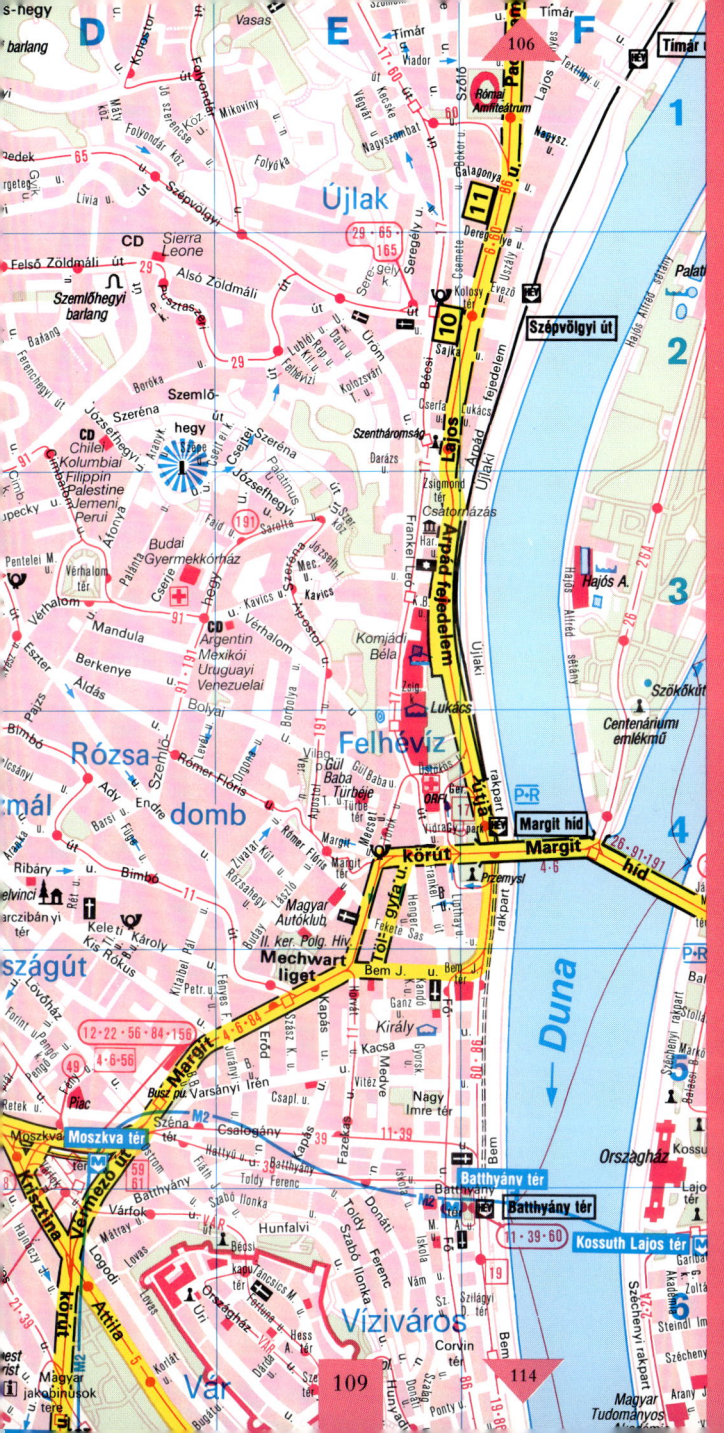

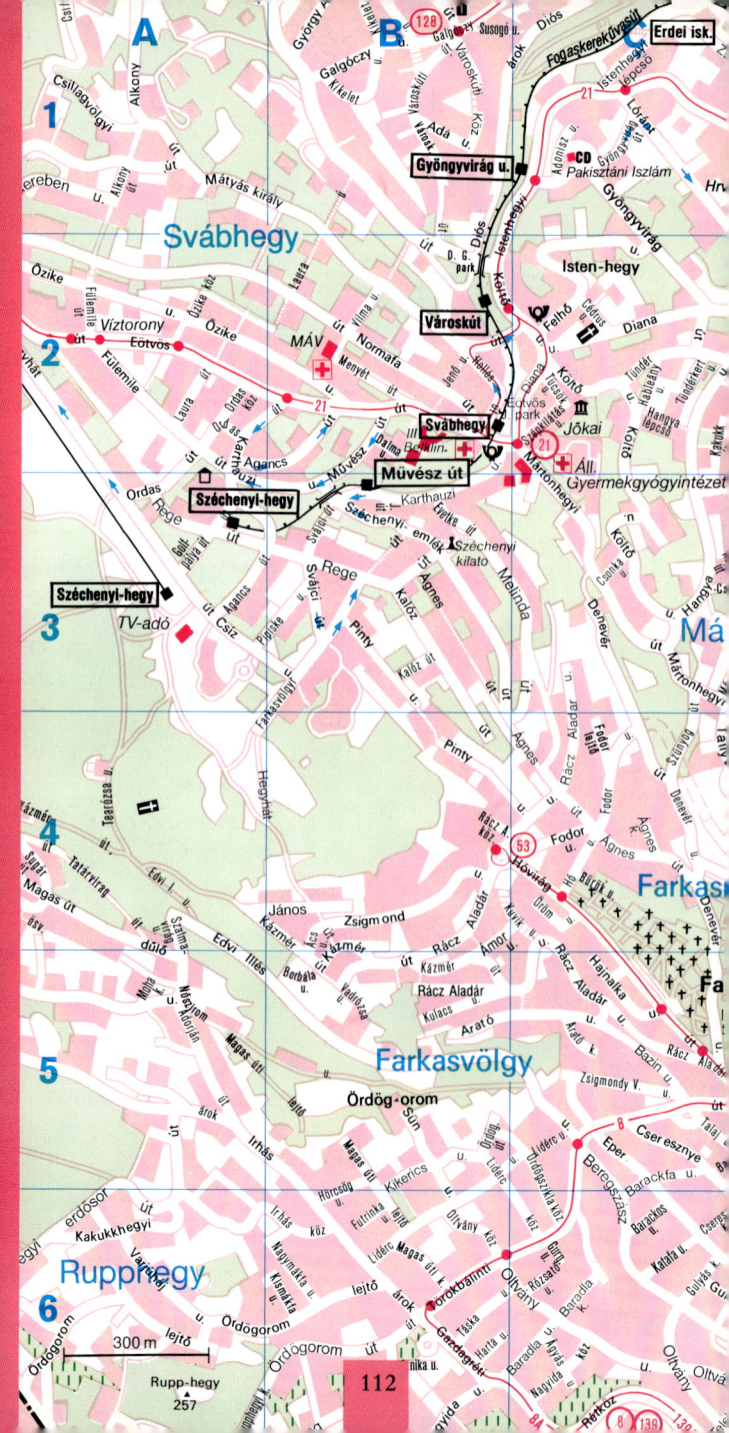

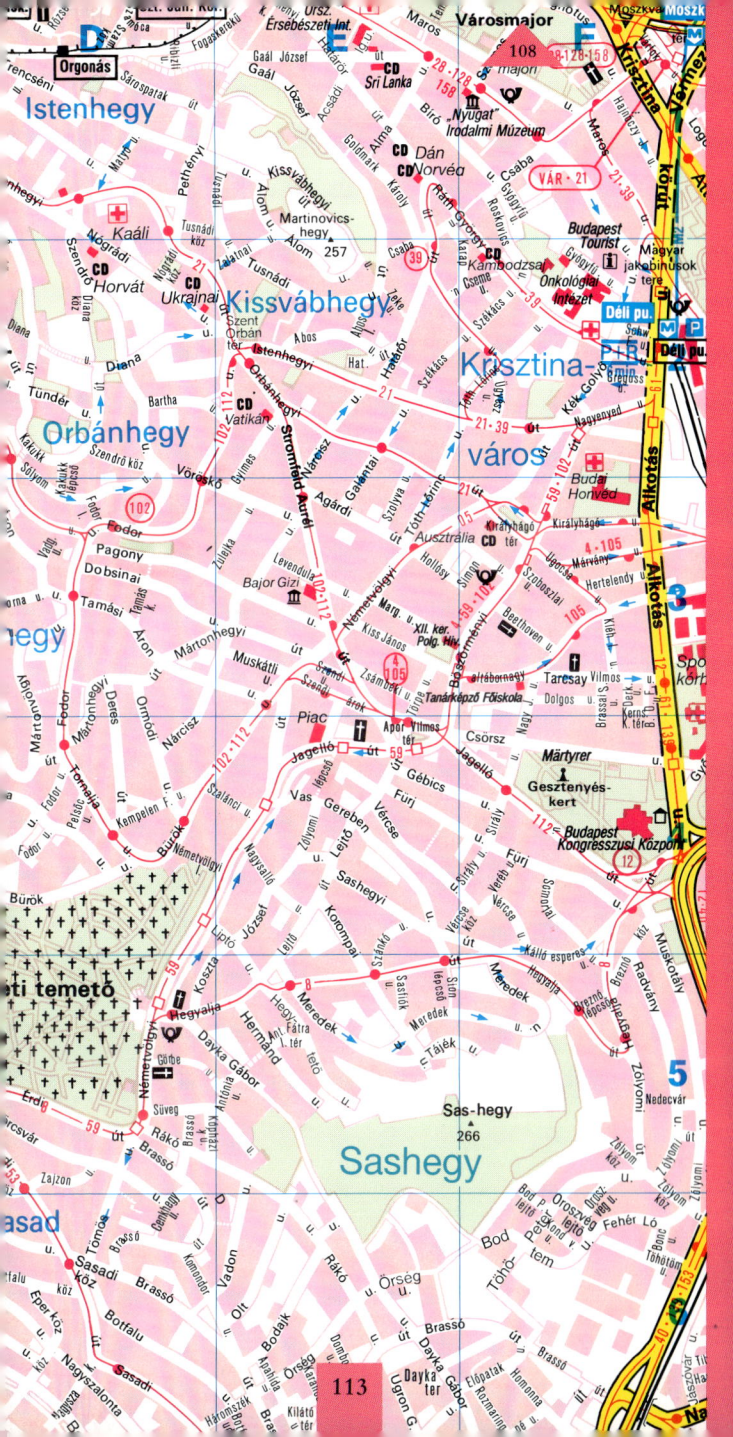

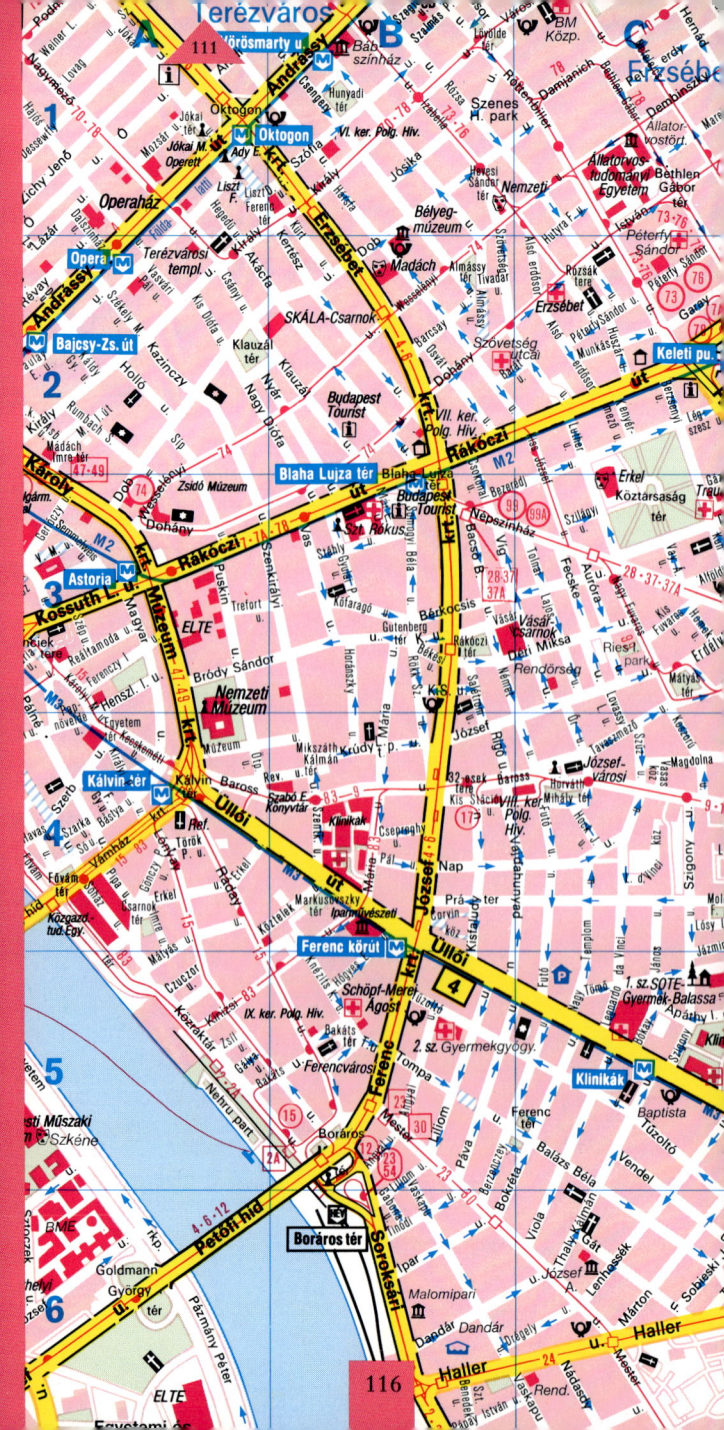

*In diesem Register finden Sie alle in diesem Führer erwähnten Sehenswürdig-keiten, Orte, Museen und Restaurants. Halbfette Seitenzahlen verweisen auf den Haupteintrag, kursive auf ein Foto.*

# Was bekomme ich für mein Geld?

 Ungarns Währung ist der Forint (Ft. oder HUF). Im Umlauf sind Münzen zu 1, 2, 10, 20, 50 und 100 Forint sowie Banknoten zu 200, 500, 1000, 2000, 5000 und 10 000 Forint. Verwechslungsgefahr besteht bei den jeweils blauen Scheinen zu 1000 und zu 10 000 Forint!

Trotz Eindämmung der Inflation ist Ungarn ein preisgünstiges Reiseland geblieben. Seit Anfang 2000 hat sich ein Umtauschkurs von etwa 260 Forint für einen Euro eingependelt.

Für umgerechnet ca. einen halben Euro bekommen Sie in einem Budapester Café oder Restaurant eine Tasse Kaffee, ein kleines Bier oder ein Erfrischungsgetränk, in der Eisdiele zwei Kugeln Eis und im Lebensmittelgeschäft fast zwei Laibe Weißbrot, anderthalb Liter Milch oder 150 g Wurst. Ein ordentliches Abend- oder Mittagessen (einschließlich Getränk) ist schon für ca. 8 bis 10 Euro erhältlich, in billigen Restaurants auch für ca. 5 Euro. Ein Liter bleifreies Benzin kostet umgerechnet ca. 1,10 Euro, Diesel ist mit ca. 70 Cent deutlich billiger. Dienstleistungen sind in Ungarn wesentlich billiger als im Westen. Auch Eintrittskarten für Konzerte oder Museen sind sehr preisgünstig.

| DM | Euro | Forinth |
|---|---|---|
| 1 | 0,51 | 134 |
| 5 | 2,55 | 668 |
| 10 | 5,10 | 1337 |
| 30 | 15,30 | 4010 |
| 50 | 25,50 | 6684 |
| 70 | 35,70 | 9357 |
| 100 | 51,00 | 13368 |
| 500 | 255,00 | 66838 |

| Forinth | Euro | DM |
|---|---|---|
| 10 | 0,04 | 0,07 |
| 100 | 0,38 | 0,75 |
| 1000 | 3,82 | 7,48 |
| 3000 | 11,45 | 22,44 |
| 5000 | 19,08 | 37,40 |
| 10000 | 38,15 | 74,81 |
| 25000 | 95,38 | 187,02 |
| 50000 | 190,76 | 374,04 |

Bei Zahlungen per Scheck oder Kreditkarte am Urlaubsort werden oben stehende Kurse zu Grunde gelegt. Stand: September 2000